林萃芬——著

洞察鬼滅之刃暗藏的心理現象

解析角色人格特質，
探索天賦潛能，
培養穿越險境的內在勇氣

目錄

第02章 《鬼滅之刃》的領導者和保護者

第03章《鬼滅之刃》的培育者

第06章 夢境與潛意識訊息

推薦序一

巧妙融合《鬼滅之刃》與心理諮商議題

邱永林（親子諮商專家）

我先承認，我一個人去電影院看《鬼滅之刃》的時候，偷偷哭了。

其實這很不容易。因為我原本是帶著一顆批判的心情進到電影院的，豈料竟被感動的一塌糊塗。身為家中有三個男孩的爸爸，自然被「盧」了很久，要求帶他們去看這部電影。但是三個男孩的年紀跨度從小二到國一，要擔心老三會不會被嚇哭回家做惡夢？老二會不會模仿片中「暴力」的行為？老大會不會覺得太幼稚？所以我說我是去審片的。

一開演我的情緒就迅速被劇中三個角色（炭治郎、伊之助、善逸）吸引。他們個性迥異卻情同兄弟的關係，說的不就是我家三個寶貝嗎？因此我實在很佩服萃芬的慧眼獨具，巧妙融合這部電影與心理諮商議題。

我不是專業的影評人，這部分就留給這方面的專家去評論吧。我想說說一個家庭如何影響孩子的性格發展。

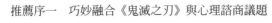

首先，雖然我學心理學並從事心理諮商二十多年，但我始終不認爲自己是個「親子專家」，我也奉勸大家對這樣的稱號要心存警惕。因爲每個孩子和父母的個性、情緒、長短處……都不一樣，親子的排列組合幾乎是無限大，怎麼可能有一帖萬靈丹是一體適用的呢？因此我只能分享我自己家庭育兒的經驗，希望大家能轉換成適合自己的方法。

說說如何賞罰吧，這也是最多家長問我的問題。我的答案始終是「因材施教」。處理的對，事半功倍，處理的不對，孩子認爲父母偏心。像我家老大，個性謹慎，絕少犯錯，現在剛好是青少年叛逆期，偶有情緒發作，我只需要給他個「眼神」，他就知道自己需要冷靜反省，簡直是俗話說「來報恩的」。老二則個性衝動，愛恨分明，以前犯錯時，我還找不到方法「治」他，後來發現他最怕我「無視」他。只要我故意把他當隱形人五分鐘，他就受不了來求和了，然後我們就可以好好討論剛究竟發生了什麼事。老三的性格剛好在兩個哥哥之間，有時細心，有時衝動，但最大特點是超愛面子。所以與其要他改正缺點，不如試著誇獎他的優點，並讓他把優點放大。這一套因材施教的管教方法實施下來，我認爲還算成功。

其實這樣的模式，我相信每個當父母的都能成功複製。前提是你要願意用耐心觀察孩子，用好奇心去澄清孩子行爲背後的原因。

最後我想引用曾經有位哲人說的「幸運的人用童年治癒一生，不幸的人用一生治癒童年」。戲如人生，人生如戲。原生家庭對一個人的影響又豈止是一部電影演得完呢？

《鬼滅之刃》暗藏的心理元素

林耿立（松德精神科診所院長）

林萃芬心理師與我相識於二〇〇九年，當年的萃芬除了心理師的身分，也曾出任出版社顧問資歷，並是數本暢銷書的人氣作家，診所因新增心理諮商業務徵求心理師，透過友人引薦而認識她，與萃芬初次見面即感受其言談中傳遞溫暖、自信，並散發知性與魅力，且積極學習、廣泛涉獵不同領域的知識。

詳談後才知她對於心理學非常熱愛、有興趣，也希望將心理學應用於助人領域，因此選擇攻讀心理諮商研究所，考取高考心理師證照後，期望能投入心理諮商實務工作。

十餘年來，萃芬仍不斷充實心理學專業知識、琢磨提升諮商技巧，時時刻刻對生命周圍一切事情保持著正向與熱忱態度，對於個案諮商安排，總是盡力配合個案時間需求。記憶最深刻的一次，當日萃芬人正在高雄演講，中午休息時間接獲診所聯繫其個案，臨時情緒低落需要安排心理諮商，萃芬立刻於電話中告知，請診所回覆個案她演講後會趕回台北，只是諮商時段需安排稍晚一點，萃芬於演講結束後，立刻搭乘高鐵趕回診所與個案進行諮商，陪伴個案走過當次危機。

萃芬其實可舒適、悠閒自在生活，但她卻選擇忙碌、精彩、自律、積極向上的人生，自我要求的設定與修訂年度目標，學習新知與配合世代變革、網路潮流去調整思維。這兩年萃芬在眾多媒體錄影邀約、企業演講、工作坊、心理諮商……滿滿行程空檔中，仍挪出時間，撰寫了兩本暢銷書籍《鍛鍊心理肌力：十五項心理練習，擺脫那些職場與人際間的控制、害怕、停滯、危機與焦慮》與《從習慣洞察人心：學會識人術，解決人際關係的所有煩惱》。

而本次新書《洞察鬼滅之刃暗藏的心理現象：解析角色人格特質，探索天賦潛能，培養穿越險境的內在勇氣》是以《鬼滅之刃》動漫角色去剖析各類型人格特質習慣呈現的行爲、態度與因應模式，也分析因這些潛在於內心的欲望所帶來對一個人的影響，產生人際、感情、家庭、自我……之衝突。

《鬼滅之刃劇場版：無限列車篇》打敗日本電影票房頭榜長達十九年之《神隱少女》成爲票房榜首，而鬼滅與神隱之角色與劇情，都從人性、欲望觀點切入故事主軸，所以也引發大眾想一探故事劇情之興趣。

門診中常常有人詢問：「心理諮商的談話，跟朋友聊天有差異嗎？」我總能明確地回答他：「兩者是不同的，因心理師經過多年專業訓練，會在諮商歷程中結構性釐清每個人狀況，與你共同擬定解決策略。」而萃芬因具備心理專業的訓練背景，撰寫本書的脈絡，不只描述各角色外顯資訊，而是引導讀者深入思考，了解自己最喜歡、最認同的角色特質與優點，以及解決問題的習性，這些可能就是自己的狀態，但也可能是自己所欠缺所以仰慕，另外萃芬也補充一些案例說明，期待讀者能學習提升觀察力與思考力，洞察他人心理狀態，培養自己能因應困境的韌性。

*藏有「善良」、「自助」、「助人」三個元素

身為精神科醫師會對《鬼滅之刃》產生濃厚興趣，是因為我的孩子在學校跟同學熱烈討論，形成一股旋風。既然孩子喜歡看，家長自然要在旁陪同，邊看邊跟孩子討論每一集《鬼滅之刃》背後所代表的意涵是什麼。

越看越覺得《鬼滅之刃》暗藏很多心理元素，每個人都可以連結到自己的生活經驗。竈門炭治郎經歷不幸遭遇後，一路成長，從男孩變成男人，又從男人變成為所愛奮鬥的人。竈門禰豆子則代表嘴巴無法為自己發聲的受難者，不能自由講出心裡的話。而禰豆子身邊的哥哥、夥伴、師長們，就組成「治療聯盟」幫助禰豆子變回人類。

事實上，精神科的病人在治療的過程中，也像禰豆子一樣，需要有一群「治療聯盟」，給予實質的、心理的、情緒的支持，協助他們慢慢恢復身心健康。

《鬼滅之刃》中另一個無法用言語表達的角色是栗花落香奈乎，如果要幫助從小遭受父母暴力對待而無法用語言溝通的香奈乎，可以透過非語言的音樂及藝術治療，慢慢建立信任感。

還有「我妻善逸」的行爲反應，每次接到任務就會焦急、慌亂，邊哭泣邊逃跑，如果善逸來找我看診，我可能會有三個診斷，一個可能性是注意力不足，所以無法組織指令，不知道如何安排事情的優先順序；另一個可能性是過動、衝動，無法將事情思考周全；還有一個可能性是焦慮症，一接到新任務就產生預期性焦慮，不知道該怎麼辦。

曾經待過一段時間安寧病房，我觀察發現，非預期性的家人過世，有時會讓家人無法走過哀傷，譬如說，家人已經離世四、五年，卻依然每天爲家人煮飯、洗衣，這樣的狀況最好趕緊來就醫。

從心理健康的角度來看《鬼滅之刃》，裡面有「善良」、「自助」、「助人」三個元素，其中「助人」最能產生快樂感，可以帶來長久穩定的幸福感。希望大家閱讀萃芬心理師的新書《洞察鬼滅之刃暗藏的心理現象》後，也能夠找到讓自己幸福的心理元素。

跟著角色們一起自我探索與成長

黃雅羚（元品心理諮商所所長、諮商心理師公會全國聯合會理事長）

萃芬是一個很細膩且聰慧的專業諮商心理師，他擔任諮商心理師之前是雜誌主編，所以對人和社會現象有更敏銳的觸覺和觀察。

人活在這個世界上，從小不斷受家庭環境、學校環境、社會環境影響，不知不覺會學習到生活中可以依循的習慣、規則、信念。但隨著社會變遷快速，人際關係、親密關係、人與環境的關係，也都起了很大的變化，萃芬很細膩且聰慧從他豐富的諮商經驗和人際關係，將所洞察的「人心」整理，分享給大家。

在書中，萃芬運用不同的諮商學派觀點來解析角色的人格特質，也透過角色的成長歷程來說明那些環境及教養元素可能會影響人格的發展。讓喜歡《鬼滅之刃》的讀者可以更深刻思考角色的形塑，同時，也從角色看到我們自己的影子。書中以阿德勒學派的「早年回憶」來回顧角色們童年的過往回憶，能夠反映出現在的內心想法，渴望的需求、設定的目標，還有會怎麼預測事情發展的方向。觀察角色表達愛意的方式，也很呼應家族治療中的五種愛的語言。透過「人際溝通分析學派」的「心理地位」來說明角色們跟別人的關係，還有會選擇什麼態度來應對別人。從心理學大師佛洛依德的「人格結構」本我、自我、超我來分析角色的人格特質。心理學大師榮格性格類型理論來洞察角色如何收集資料、學習方向、做決定風格和生活態度。讓讀者以不同的諮商理論當基礎，發展對角色和自我的認識，大大滿足人想要了解自己和他人的渴望。

書中設計很多「自我檢測」及「自我練習」，可以跟著角色們一起自我探索、自我成長。

人生難以避免災難，我們不求無災無難，但求無所畏懼地面對。萃芬也關心面對重大災難後的人，特別提醒在面對重大災難後的心理及行爲反應，幫助我們自我觀察，也提供很多簡要的心理急救方法，增加我們自助或助人的實用技巧。

《鬼滅之刃》暗藏的心理現象

一部影片可以在無預期的狀況下，引發高度的關注，裡面或多或少都反映了集體的心理現象，很耐人尋味。

從一個人喜歡觀看的影片、雜誌、網站，或多或少可以看出他的個人興趣，以及喜歡的生活環境和心理環境是什麼內容。

從一個人最喜歡的雜誌，可以了解他關心的主題是什麼、喜歡的環境是什麼樣子？

從一個人最喜歡的影片、節目，可以更了解：他在面對人際關係或是處理人際困擾時的因應方式。

從一個人最喜歡、最認同的角色身上，多少可以看出他認同角色什麼特質、優點，會不會使用跟這個角色相似的特質來解決問題，並且滿足自己的需求。但是，仰慕角色的優點也有可能投射出自己缺乏的特質，或是尚未完成實現的願望。

諮商的過程中，我有很多當事人都是動漫角色陪伴他們成長的，我會花很多時間跟他們討論從小到大看過那些動漫影片？還有動漫的故事內容、喜歡的角色，包括：

- 「欣賞這個動漫角色的那些特質？」
- 「這個動漫角色做過哪些事蹟最令人佩服？」
- 「這個動漫角色對自己的影響是什麼？」

討論之後，我往往會意外的發現，療癒當事人的心理解藥就藏在裡面。

也有很多當事人掉入生命的低谷，做什麼事情都提不起勁來，沒有任何心理能量去應對現實生活的時候，就靠著看動漫影片，靠著動漫角色的引導，慢慢從低谷爬上來，一點一滴累積心理能量，緩緩地走回原本的生命軌道。

也因此，無須覺得自己看動漫、影片是浪費時間，只要有幫助想做什麼就做什麼，所有的過程都有意義。

最近很多人採訪我：何以年輕的生命會想要自我傷害？有沒有可能預防遺憾發生？何以一個人會行爲偏差，做出傷人害己的殘暴行爲？要如何培養自己內在的勇氣？讓自己度過各種難關、穿越不同的險境？或許在《鬼滅之刃》這部影片中暗藏一些大家想要知道的答案。

01

《鬼滅之刃》的主角群

Personality Traits

◈竈門炭治郎：像心理師擁有源源不斷的正向能量，同理每個人的處境

身為諮商心理師，我在「竈門炭治郎」身上感受到源源不絕的正向能量，竈門炭治郎就像心理師一樣，會同理每個人的處境，即使是正在傷害自己的鬼也不例外；會全力支持周圍的夥伴們，樂於為夥伴們付出；會看到每個人有形無形的價值，欣賞每個人的優點；會適時鼓勵夥伴們撐過險境，同時也感謝為自己付出過的每個人。

何以竈門炭治郎具備這些療癒人心的特質？或許可以從他的成長歷程看起。

諮商的過程中，常常會帶當事人回顧童年的「早年回憶」，經由這些過往的回憶，能夠反映出我們現在的內心想法，包括渴望的需求、設定的目標，還有會怎麼預測事情發展的方向。

收集「早年回憶」，可以透過下面這些線索：

成長的過程中，家庭的氣氛如何？家人之間互動狀況如何？

小時候面對危險時會如何應對？

關於被處罰的記憶，包括被處罰時的感受還有想法是什麼？

還記得弟妹出生時的感受，當時適應的狀況如何？

第一次上學的經驗如何？有沒有發生什麼特別的事情？

家中有沒有發生家人生病或死亡的事件？

有沒有離家的經驗？當時發生什麼事情？

有沒有什麼喜歡的嗜好？

家庭的功能不只是吃飯睡覺滿足生理功能，也不僅於督促功課達到學業成就，而是培養我們探索世界、面對任務、接受挑戰的勇氣，提供我們跟別人合作的環境，擴展我

們對世界做出貢獻的心胸。相信從竈門炭治郎的成長故事可以得到很多啟示。

現在就透過竈門炭治郎的成長故事，來分析他的人格主軸。

▲竈門炭治郎的成長故事

竈門炭治郎生於大正時代，父親炭十郎雖然身體欠佳，但仍很努力地扮演父親的角色，引導孩子看到事情正向的地方，帶領孩子學習人生的智慧。

炭治郎曾經充滿困惑的詢問母親，不理解何以身體虛弱的父親可以在寒冷的雪地裡將「火之神神樂舞」，從日落跳到天明，父親告知炭治郎關鍵在於呼吸法。這些「兒時回憶」都在炭治郎小小的心靈裡埋下火種，未來在炭治郎面臨危險時，發揮重要的啟示效應。

父親炭十郎過世之前，還在炭治郎面前展現，如何運用「通透世界的技巧」毫不費力的秒殺一頭巨熊，父親除了留給炭治郎許多印象深刻的示範外，也留給炭治郎「日之呼吸劍士的耳飾」，日後炭治郎形影不離戴在耳上。

在父親過世後，身爲長子的炭治郎，便繼承父親留下來的煤炭事業，每天辛勤的工作，然後將煤炭挑到山下去販賣，努力讓一家七口過著樸實但幸福的生活。

母親雖然失去伴侶，仍然堅強的帶著六個孩子，教導他們爲人處世的道理。有一幕下雪天，弟弟妹妹吵著要跟炭治郎一起下山，母親很有耐心的跟弟妹說明不能跟哥哥下山賣炭的原因，同時也跟炭治郎表達感謝之意，肯定他爲家人的付出。

排行老大的炭治郎，他的行爲模式非常符合阿德勒學派「家庭星座」的老大特質，他吸收父母的價値觀，承接父母的期望，具有強烈的責任感。倘若家中弟弟妹妹比較多，老大因爲情境的需要，從小就被訓練扮演多重角色，或當弟妹的玩伴，或當弟妹的小老師，或當弟妹的照顧者，或當爸媽的小幫手，無形中會養成許多正向的習慣，能夠穿梭在不同的角色之間游刃有餘。

這些老大的正向特質，在炭治郎身上完全展現。相信很多人都渴望擁有像炭治郎這般護衛弟弟妹妹的哥哥。

炭治郎曾說：「生活雖然不容易，我們很幸福。」

即使家中的物質不算豐富，但一家人卻相處和諧融洽，能夠時時在生活中找到樂趣，這樣情感流動的家庭氛圍，培養出炭治郎樂觀堅定的特質。

有一天，炭治郎在山下做完生意回家後，意外地發現全家人都遭到鬼舞辻無慘殺害，而且妹妹禰豆子還變成了鬼，更危急的是「鬼殺隊」的富岡義勇正準備要揮刀斬殺禰豆子，炭治郎用盡所有的力氣呼喊：她是我妹妹，禰豆子不可能會吃人，不要殺她，不要再奪走我身邊的人，拜託你。

發自親情的呼喊，果真產生巨大力量，讓富岡義勇收回手上的日輪刀，並且相信禰豆子不會剝奪人類的生命。

童年早期的家庭氣氛，對一個人的心理影響眞的很大，是形成生命風格的關鍵，我們會根據家庭經驗來解讀發生的事件，以及接下來會採取什麼行動面對突發狀況。

也因此，炭治郎失去最愛的家人後，雖然悲傷難過，卻仍懷抱希望，積極保護變成鬼的妹妹禰豆子，「努力」成了他的座右銘，炭治郎不只用盡全力守護妹妹、夥伴，即使面對傷害家人的「鬼」，他依然抱持對生命的尊重，對身世悲慘的鬼、際遇坎坷的鬼充滿同理心。

▲竈門炭治郎的人格特質

竈門炭治郎療癒人心的特質，我歸納出下面這些特質：

＊無條件接納的愛

《鬼滅之刃》之所以動人，感人的力量來自於「無條件接納的愛」，即使禰豆子遭逢意外變成了鬼，這個世界上仍然有人對自己不離不棄，拼了命要護衛自己，爲了要療癒自己想盡一切辦法，背著自己踏遍所有可能的地方，克服各種艱難險阻，只爲了讓自己變回人類。

竈門炭治郎這種「無條件接納、護衛妹妹禰豆子的愛」眞的很珍貴。

諮商的過程，我看過太多受到「有條件的愛」所造成的傷害，這些條件包括：

- 「你要乖巧聽話，我才會疼愛你。」
- 「你要達到我的期望，我才會重視你。」
- 「你要照著我說的去做，我才會喜歡你。」
- 「你要成績好，我才會對你好。」

同時爲了要讓孩子成績好，有些大人甚至不顧慮孩子的自尊受到傷害，執行「少一分打一下」的高壓政策；爲了達到大人設定的目標，忽略孩子的興趣與自尊。

何以「無條件的愛」對我們的心理如此重要？

因爲無論自己表現得好不好，有沒有達到大人的期望，大人都無條件關愛我、喜歡我、看重我、認同我，那麼我就不用擔心會失去重要人的愛，這樣才能夠形成眞正的安全感，也才有能量去體會自己內在的感受，傾聽自己內在的聲音，而不會壓抑自己的感受、隱藏自己的情緒，可以眞誠自在的面對自己和別人。

而在「無條件接納的愛」中成長的人，就像禰豆子一樣，無論面臨什麼狀況，都不會傷人害己。

諮商的過程中，我也看到很多擁有「無條件接納的愛」的家人，對所愛的人不離不棄，在漫長的治療過程中，陪伴所愛的人就醫，用愛心與行動護衛所愛的人。

你也有自己想要保護的人嗎？

也希望有人能夠無條件保護自己嗎？

希望對方用什麼方式保護自己呢？

我很常聽到當事人告訴我：「感覺不到這個世界上有人眞的愛我、在乎我，找不到自己存在的意義。」

這個時候，別再告訴一個「渴望被愛的人」說：「你要自己愛自己，你都不愛自己，誰會愛你。」好令人沮喪的安慰。

每個人都渴望被愛，不妨以實際的行動，以溫暖的語言讓對方知道，讓對方感覺到「自己被愛」。

當愛流動了，一切都變得有可能性。

＊五種有溫度的愛的語言

觀察竈門炭治郎表達愛意的方式，也很呼應家族治療中五種愛的語言。

第一種是「肯定的言語」（Words of Affirmation）：肯定的言語包括稱讚、鼓勵，以及向他人表達感謝。

之後我會更詳細說明竈門炭治郎如何使用「肯定的言語」，這裡就不多說。

第二種是「服務的行動」（Acts of Service）：「服務的行動」是眞誠地爲對方服務、做事情。

相信看過《鬼滅之刃》的人都會認同竈門炭治郎具有「服務的行動」，除了爲妹妹奮戰外，一路上很多人都接受過竈門炭治郎的服務，幫忙修東西、拿東西、搬行李，凡是自己做得到的，他都盡量付出。

第三種是「真心的禮物」（Receiving Gifts）：贈送禮物也是表達愛意常見的方式之一，不過，禮物不一定要是昂貴的禮物，關鍵在於看到對方的需要，表達自己的心意。

炭治郎送周遭人的禮物大都是自己動手做的，而且走實用路線，從製作過程就爲禮物注入滿滿的愛。譬如說，當夥伴「我妻善逸」肚子餓的時候，炭治郎立刻拿出自己僅有的一個飯糰給對方果腹，可說是最大方分享的送禮者。

第四種是「精心的時刻」（Quality Time）：有品質的陪伴所愛的人，把專注力放在對方身上，一起從事喜歡的活動；不會只有身體在現場陪伴，心思卻在做自己的事情。

炭治郎無論如何都要把妹妹禰豆子帶在身邊，不讓妹妹落單，就是最富感情的陪伴，此外，一路上他都把妹妹背在肩上，不嫌累也不嫌苦，這個舉動同時兼具「服務的行動」與「身體的接觸」雙重愛的語言。

第五種是「身體的接觸」（Physical Touch）：運用肢體語言來表達關心與愛意。

竈門炭治郎常常跟弟弟妹妹擁抱，另一個常見的身體接觸是，他很愛摸弟弟妹妹的頭，來表達哥哥的肯定、疼愛。

自我檢測① 五種愛的語言中，自己最常使用哪一種愛的語言？

很少人能夠像竈門炭治郎一樣，同時具備五種愛的語言，不妨自我檢測：自己最常使用哪一種愛的語言？

□肯定的言語
□服務的行動
□真心的禮物
□精心的時刻
□身體的接觸

你的愛的語言，對方喜歡嗎？對方接收得到嗎？

你所愛的人通常使用哪一種愛的語言？

你接收得到對方愛的語言嗎？

如果對方接收不到你愛的語言，可以如何調整呢？

這五個「愛的語言」自我檢測很重要，如果發現所愛的人接收不到自己愛的語言，那麼愛的流動就會受到阻礙，所以，先用心觀察所愛的人喜歡什麼樣的愛的語言，再試著滿足對方的心理需求。

＊看到一個人「好的地方」很重要

竈門炭治郎會看到每個人「好的地方」，欣賞每個人的優點。他常常對夥伴甚至對手說：「好厲害、做得很好。」

所謂「好」的意思，是指每個人都是有價值的、有尊嚴的，每一個人的存在都是重要的，不論他的身分是誰、他出身哪裡。

從小到大，被身邊重要的人看見自己「好的地方」是很重要的，因爲這樣我們才能認同自己、欣賞自己；當我們可以認同自己的時候，我們才能認同別人，當我們能夠欣賞自己的時候，才能欣賞別人，形成「我很好、你也好」的心理地位。

從心理健康的角度來看，認不認同自己是很重要的，不認同自己的人就會常常覺得心虛、不安、懷疑，認同自己才能進一步自我肯定，產生踏實、滿足的感覺。

自我練習❶ **從現在開始，每天欣賞自己做得好的地方**

「你覺得自己做得好的地方有哪些？」

「你是如何做到的？」

「你對自己表現滿意的程度是幾分？」

「你希望進步到幾分？」
「你覺得多做些什麼，可以更符合自己的期待？」
常常練習「欣賞自己好的地方」，可以增加成功心理，累積心理能量應對未來各種不同的挫折與挑戰。

*自我鼓勵

經由「富岡義勇」引介，竈門炭治郎拜「鱗瀧左近次」爲師，這是因爲炭治郎需要先成爲一名鬼殺隊的劍士，才具有基本能力，可以去尋找讓妹妹禰豆子變回人類的解藥。

但是，要成爲一名鬼殺隊的劍士，又必須要通過「最終選拔」，才能獲得資格。

炭治郎接受師父鱗瀧左近次一連串的培訓後，越來越具有劍士的實力，鱗瀧左近次告知炭治郎，必須要劈開巨石，鱗瀧師傅才會答應炭治郎去參加「最終選拔」。

練習劈開巨石的過程中，炭治郎因爲找不到竅門而倍感挫折的時候，腦中隨即出現自我懷疑的聲音：難道是自己沒有能力嗎？隨著卡關時間越來越長，接下來甚至還會產生消極的想法：我快認輸了、我快心灰意冷了。

這個時候，炭治郎身邊出現兩位風格不同的激勵者：「錆兔」與「眞菰」。錆兔是用負向語言來刺激炭治郎，一針見血指出炭治郎的弱點，再協助炭治郎進步；而眞菰則是用正向語言來鼓勵炭治郎。

當炭治郎質疑自己，充滿無助感的詢問眞菰：我做得到嗎？能變那麼強嗎？眞菰用溫柔而堅定的聲音鼓勵炭治郎：你一定可以的，因爲我會在旁邊看著你。

這句鼓勵的話蘊含三重功能：兼具鼓勵、支持與肯定，能夠滋養內在勇氣。所以很快的，炭治郎就跟自己喊話，爲自己打氣：不管怎麼樣，我都不會灰心喪志。

當炭治郎受傷的時候，因爲身體疼痛的緣故，引發腦中的負向想法，感覺連心都受到挫折，有時也會對自己的能力失去信心。爲了提振自我士氣，漸漸地，炭治郎學會「自我鼓勵」的各種方法，因應不同的狀況交互使用。

當炭治郎需要自我鼓勵的時候，其中一個方法是，他會呼喊所愛人的名字，像是呼喊禰豆子的名字，讓自己更有力量去面對眼前的難關。

當被沮喪情緒包圍的時候，炭治郎會看見自己「好的地方」來鼓勵自己：一路以來，我做得很好；或是告訴自己：我是個能幹的人。

面對漫長而重複的訓練過程，他也會適時肯定自己：無論何時，爲自己感到自豪。

「自我鼓勵」的重點要放在：自己做了哪些努力？自己有什麼優點和資產？朝著主動有建設性的方向學習，而不只是以結果爲主，透過「自我鼓勵」逐漸增強「心理肌力」。

自我練習❷ 隨時為自己補充心理能量

現在你也可以寫下三句到五句自我鼓勵和自我打氣的話，以及自己好的地方，隨時為自己補充心理能量。

自我鼓勵的話：

自我打氣的話：

自己好的地方：

✻讚美的力量

竈門炭治郎常常直接的讚美周遭的夥伴，並且表達出欽佩感，真誠跟對方說：做得很好。

從心理的角度，讚美不只是人際關係的潤滑劑，更能產生強大的心理力量，讓被讚美的人擁有更多希望和自信，對達成現在的目標是很有幫助的。

舉例來說，炭治郎在經歷一連串挫折，終於劈開巨石的當下，眞菰這時在旁讚美他：你做得很好，並且對他說別忘了剛才的表現。

這樣的讚美是具有心理養分的，可以讓炭治郎未來遇到挫折的時候連想到這句話，進而產生面對現實挑戰的力量。

自我練習❸ 讚美要產生力量，需要具體而明確

第一步：清楚說明讚賞對方的什麼行為、表現。

第二步：具體說明何以對方值得讚賞？

讚美過程可以幫助夥伴發現更多「自己力量」和「成功經驗」的訊息，不妨常常運用讚美的力量。

「表達感謝」看到正向事物。

竈門炭治郎會不斷感謝為自己付出的每個人，「表達感謝」可以幫助我們看到生活中正面的事情，而不會覺得理所當然。

如果可以和別人一起表達感謝，更能增進彼此的感情。

＊＊＊

自我練習❹　每天寫感謝日記

從今天開始，每天列出三到五件值得感謝的人事物，同時寫下對自己的意義是什麼？

相信一段時間之後，對周遭人事物的感受就會不一樣，看待事情的觀點角度也會有所不同，會越來越正向。

寫日記鍛鍊心理肌力。

竈門炭治郎在接受鍛鍊成為劍士的過程中，會用寫日記的方式幫助自己學習，一方面具有提醒、記憶的功能，另一方面可以對照自己的「成功經驗」和「失敗經驗」有什麼差別，更重要的是，看到自己成長進步的軌跡。透過寫「鍛鍊日記」，炭治郎持續增進「自我調整」的能力，做好自我管理，幫助自己達成短期目標與長期目標。

我有很多當事人在諮商的過程中，都會不斷紀錄自己的狀態，覺察自己哪裡不同了，久而久之，就可以看到自己成長的軌跡，複製成功的經驗。心理諮商的過程中，很常使用「行為日記」，引導當事人找到有效消化情緒或是解決問題的方法，你也可以試著使用看看，相信會有意想不到的收穫。

＊＊＊

「行為日記」的具體寫法

自我練習❺

第一步：找出引發情緒、煩惱的事情

找出引發你情緒、煩惱的事情是什麼？

同時覺察一下：情緒醞釀多久才發作？頻率有多高？

以炭治郎為例，他最大的煩惱就是要如何幫助妹妹禰豆子變回成人類。所以，當他設定好目標後，他就會投入目標，轉換悲傷情緒。

第二步：具體描述當時的感覺

具體描述當時的感覺：自己最在意的是什麼？

譬如說，竈門炭治郎最在意家人受到傷害，幾乎會引發他情緒的事情，都是有人要傷害妹妹禰豆子，或是身邊重要的人受重傷的時候。

第三步：辨識情緒的狀況

大概要花多久的時間情緒才會離開？產生情緒的時候，會想做什麼事情？或是說些什麼話嗎？

以我妻善逸為例，當他焦急慌亂的時候，會對自己說：我非常柔弱、我沒有足夠的力量、我要死了嗎？我就是做不到。一直要等到我妻善逸進入「沉睡模式」，情緒才會離開。

第四步：幫助自己轉化情緒

轉化情緒的時候，先分辨：哪些事情有改變的餘地？哪些事情不在自己的控制範圍內？有情緒的時候做什麼會讓感覺好過一些？給自己一點鼓勵、溫暖。

對竈門炭治郎而言，家人意外被殺害是無法改變的殘酷現實，但是救回妹妹禰豆子是當時可以採取的行動。

第五步：對外尋求有用的資源

思考一下：誰可以為自己分憂解勞？誰能夠幫忙自己解決困難？

大多數時候，竈門炭治郎會自己想辦法解決困難，但有需要的時候他也會尋求有用的資源，也樂於接受別人的協助，像是富岡義勇、鱗瀧左近次、錆兔、真菰、煉獄杏壽郎都曾經是炭治郎的貴人。

而我妻善逸則會不斷主動跟周遭夥伴求救：你一定要幫我，救救我；你們會保護我，對不對；拜託，不要丟下我不管。

第六步：接受現實，也接納自己

竈門炭治郎遭逢巨變後，很快地接受現實，也接納自己，但這並不意味炭治郎從此就不再對失去家人感到難過悲傷，而是將創傷昇華成人生使命，找到「幫禰豆子變回人類的解藥」。

相對的，經常陷入極度恐慌焦慮的「我妻善逸」，就還沒有做到「接受現實，也接納自己」的境界，他要降低恐慌焦慮的情緒，還有其他方法可以嘗試，在分析「我妻善逸」的人格特質的時候，會提供更多緩解恐慌焦慮的方法。長期寫行為日記，不僅可以清楚看出情緒的波動狀況，還能找到情緒刺激的來源：

什麼狀況會覺得不舒服？

什麼事情會感到生氣？

何種挫折會產生沮喪感？

如果能每天清理不好的情緒，就不會留下殘渣陰影，心靈即可長保新鮮健康。

＊洞察人心的能力

竈門炭治郎善於運用靈敏的嗅覺來洞察人心，他可以聞出對方的「情緒氣味」，可以聞出「陷阱的氣味」，也可以聞出對方「改變的氣味」，可以從氣味分辨「對方所在的位子」，還能夠聞出對方「曾經殺過多少人」。也因爲擁有「洞察人心的能力」，讓炭治郎可以及時避開危險，幫助自己趨吉避凶。

屬於「感官型」，透過嗅覺了解外在的世界：

每個人都有兩種「接收外在訊息的能力」：感官（S，Sensing）和直觀（N，Intuition），但是個別強弱程度不同。「感官」與「直觀」這兩種「心理能量」，都是我們認識世界的非理性方法，而竈門炭治郎很明顯的是屬於「感官型」的人，透過嗅覺了解外在的世界。

「觀察力」與「思考力」的完美結合：

剛發現妹妹禰豆子變成吃人鬼的時候，在震驚之餘，竈門炭治郎依然可以分辨出禰豆子的氣味跟平常不一樣，觀察到禰豆子的嘴巴跟手沒有沾到血液，所以他確定禰豆子沒有吃人。

這個時候，炭治郎開始呼喊禰豆子的名字：加油，禰豆子，爲哥哥加油，你不能變成鬼。也因此，及時喚醒禰豆子內在的人性。

由此可知，竈門炭治郎除了擁有敏銳的嗅覺力，還有細緻的觀察力，以及快速的思考力，可以幫助自己做出正確的判斷，及時幫助妹妹恢復人性。

此外，炭治郎在與敵人對戰的時候，會不斷提醒自己：要動腦思考應戰的策略，每每幫助他看到對手的「破綻之線」，成功擊退對手完成任務。

「觀察力」搭配「思考力」是很重要的，因爲只有「觀察力」沒有「思考力」，可能會不知道接下來要怎麼做；反過來，如果只有「思考力」缺乏「觀察力」，又可能會太過武斷，忽略別人的感受。同時擁有「觀察力」和「思考力」，可以兼顧自己、別人和環境的訊息，做出符合當時需要的決定。

◈我妻善逸：充滿焦慮性及災難化的思考，每件事情都做最壞的打算

由於「我妻善逸」從小就沒有父母，他常常會覺得世上沒有人會對自己抱有期望。雖然後來他被爺爺級的「桑島慈悟郎」收留爲弟子，並教授他劍術，培育他成爲雷之呼吸劍士，但他卻因爲不相信自己的能力，以至於在嚴格的訓練過程中，善逸常會想方設法逃走。

現在就透過我妻善逸的成長故事，來分析他的人格主軸。

▲我妻善逸的成長故事

我妻善逸長大之後，每當面對敵人產生極度恐懼的情緒時，善逸就會進入「沉睡

模式」，彷彿夢遊般無意識的完美揮出雷之呼吸劍術，而且在沉睡狀態下，他仍擁有極佳的聽力，可以聽到周遭人的對話。可是，醒來之後卻完全不記得剛剛自己擊退敵人的過程。

或許是缺乏與媽媽親密互動的關係，善逸經常會纏著喜歡的女生，要女生跟自己結婚，他會非常誇張的拜託喜歡的女生：請跟我結婚好嗎？我不知道自己什麼時候會死掉，請妳答應馬上跟我結婚。

我妻善逸的內心有個很大的空洞：沒有人對於我在未來能掌握什麼、完成什麼抱持著希望，善逸一直期望自己能爲某個人獻上一己之力，一生只有一個人也好，可以保護她、讓她過得幸福。

可能是從小缺乏家庭生活，以及對生命的不安全感的緣故，善逸才會如此渴望找到一個信任自己能給她幸福，然後共同攜手組成家庭的伴侶。

▲我妻善逸的人格特質

《週刊少年 JUMP》曾經票選「鬼滅之刃」中的最有人氣的角色，結果有十三萬人投票，選出我妻善逸是「第一名的人氣王」。

或許在動漫世界中，大家看到我妻善逸的行爲會覺得他很可愛，但若在現實世界碰到跟他有相似性格特質的人，就可能會有不同的感覺。

＊充滿恐懼的「自我對話」

每次接到任務，我妻善逸就會焦急、慌亂，邊哭泣邊對自己說下面這些話：

「我非常柔弱。」

「我沒有足夠的力量。」
「我要死了嗎？」
「我馬上就會死掉。」
「我就是做不到。」
「我的膝蓋不聽使喚。」
「我就是最討厭自己的人。」

「自我對話」雖然不會影響事情的發生與否，但卻會影響事情發生時的因應之道。一般容易感到焦慮與壓力的人，常常會試圖遠離令自己焦慮的事物。也因此，每當離執行任務的地點越近，善逸就會陷入極度恐懼，進入歇斯底里的尖叫狀態中，他會一邊發抖，一邊哭泣，一邊亂跑，一邊跟周遭夥伴求救：

「你一定要幫我，救救我。」
「你們會保護我，對不對。」
「拜託，不要丟下我不管。」
「不要用那種眼神看我。」

＊「焦慮性」及「災難化」的思考

我妻善逸之所以會有這些極度恐懼的自我語言，同時伴隨著恐慌的行爲反應，根源是因爲他具有下面這些「焦慮性」及「災難化」的思考。

- **活在未來：**每件事情都做最壞的打算與預期。
- **誇張的想法：**誇大負面事情的人，通常會感受更多焦慮。「過度誇大」的想法，很容易讓善逸把事情「嚴重化」。

- **「災難化」的思考：**將不愉快的事情轉化成災難。無論任何事情，只要善逸覺得有點不安全，就彷彿世界末日即將來臨般，他會感到極端的焦慮不安。
- **無法忍受不確定感：**對自己不能控制的事情感到不舒服。

何以我妻善逸會有這些「焦慮性」及「災難化」的思考？或許是善逸成長的過程中，曾經失去對自己的掌控，常常淹沒在強烈的焦慮、恐慌的情緒中，以至於當善逸感到驚恐的時候，他就會瞬間退化成一個沒有自信、不知所措的受傷小孩。

而在極度恐慌的情況下，善逸還會出現心悸、冒汗、發抖、呼吸急促，快要死掉，快要發瘋的身心反應，讓他急著逃離自己害怕的事情。

如何有效降低「破壞性負向想法」的方法？

諮商的過程中，我發現，跟我妻善逸一樣，容易陷入極度慌亂、焦慮、恐懼情緒的人其實很多，雖然反應在行爲上沒有像善逸那麼誇張，但是生理上痛苦的程度是差不多的，都會出現心悸、冒汗、發抖、呼吸急促、窒息感覺、胸痛、噁心、腹部不適、頭暈、自我感消失、即將發瘋的恐懼、即將死亡的恐懼、感覺異常、寒顫、熱潮紅等等的狀況。

倘若有上面這些狀況，可以請諮商心理師或精神科醫師一起協助，一方面找出焦慮恐慌的情緒根源，另一方面也可以借助藥物讓症狀緩解。

自我練習❻　暫停破壞性的想法

一個有效降低我妻善逸「破壞性負向想法」的方法是，先暫停破壞性的想法，就像讓電腦關機一樣，第一步先讓善逸「焦慮性」及「災難化」想法暫停，也可以讓情緒漸漸平緩下來。

所以，如果善逸來做心理諮商，我會帶領他做心律呼吸法，協助他停止混亂的思緒。

＊＊＊

自我練習❼　試著接納自己的焦慮與壓力

由於「焦慮性的想法」會占據善逸所有的注意力，連帶的，當善逸焦慮或感到壓力的時候，就會高估非預期情況的發生率。

這個時候可以引導善逸：試著接納自己的焦慮與壓力。

- 培養耐心，面對生命中的大小任務。
- 避免評斷、評價自己。
- 學習忍受不確定感。
- 練習放棄完全掌控。

＊＊＊

自我練習❽ 跟自己的「想法」對話

假如自己也跟我妻善逸一樣有「過度誇大」和「災難化」的想法，常常為了一些還沒發生的事情而擔心受怕，不妨跟自己的「想法」對話：

- 這件事情曾經發生過？

• 如果沒有，何以自己會這麼擔心？
• 究竟自己在擔心些什麼呢？

帶領自己「尋找擔心證據」的過程中，會發現，那件令自己擔心害怕的事情根本不存在，只存在自己的「想像」的世界中。

為了沒有發生的事情擔這麼多心，受這麼多苦，難過這麼久，是不是耗損太多心理能量呢？

當自己又開始為「沒有發生的事情」擔心受怕時，就請自己拿出證據來，而且證據要「普遍到常常發生」的地步，才值得花力氣擔心。

此外，我妻善逸也可以學習竈門炭治郎練習寫「行為日記」，探索焦慮的源頭是什麼，以及化解焦慮的方法。

＊屬於「感官型」，透過聽覺了解外在的世界

我妻善逸曾經表示，自己從小耳朵聽力就很好，他認爲只要是生物，就會發出聲音，包括呼吸聲、心跳聲、血流聲，他只要專心聆聽這些聲音，就會知道對方心裡在想什麼。

由此可知，善逸和炭治郎一樣都是屬於「感官型」的人，差別是善逸是透過聽覺來了解外在的世界。

儘管善逸擁有很多的內在潛能，但因爲太過焦慮、不信任自己，以至於都沒有發揮出來，只有在關鍵時刻進入「沉睡模式」，他才瞬間變身爲快速奔馳的閃電，在對手措手不及防備的狀況下，成功解除危機。

＊「我不好、你很好」的心理地位

我妻善逸的心理地位明顯偏向「我不好、你很好」，總覺得別人比自己厲害，時常

陷入沮喪、憂慮、力有未逮、迷惑的感受中，也因此，善逸在學習雷之呼吸法時，他只學會「壹之型」，其他五種都尚未學會；還有他在面對惡鬼時總是感到無力、退縮，連他在「沉睡模式」時使出「霹靂一閃」擊退惡鬼，醒來後他都不相信是自己辦到的，還感謝周遭的其他人打敗惡鬼。

通常有「我不好、你很好」心理地位的人，多半會選擇「逃避的因應之道」，這就是何以善逸的行爲模式都在「逃跑」。

事實上，善逸「逃跑行爲」的背後，累積大量的挫折感。善逸曾經透露：自己也很想回應「桑島慈悟郎」爺爺的期待，所以瞞著爺爺偷偷練功，儘管完全沒睡，依然沒有一點成果，就是練不會，感覺對爺爺很抱歉。

倘若善逸想要調整「我不好、你很好」的心理地位，其實並不難，只要跟竈門炭治郎學習，將心理地位轉變爲「我很好、你也好」就可以了。

後來看到善逸獨創出「雷之呼吸柒之型火雷神」，氣勢越來越有自信，眞的感覺他的「心理地位」轉變了。

自我檢測② 四種「心理地位」中，自己傾向哪一種？

「人際溝通分析學派」以「心理地位」來說明我們跟別人的關係，還有會選擇什麼態度來應對別人，「心理地位」共有四種：

- 「我很好、你也好」。
- 「我不好、你很好」。
- 「我很好、你不好」。
- 「我不好、你不好」。

覺察一下，自己傾向哪一種？

□竈門炭治郎「我很好、你也好」的心理地位

喜歡自己，願意分享自己；欣賞別人，也願意接近別人、幫助別人。

□我妻善逸「我不好、你很好」的心理地位

總覺得別人比自己厲害，常常陷入沮喪、憂慮、力有未逮、迷惑的感受中，同時也覺得別人比較重要，會聽從別人的意見。

□嘴平伊之助「我很好、你不好」的心理地位

看不起別人，自認高人一等，會覺得自己比較重要，內心的想法常常是：我要做給大家看，我辦得到。

□十二鬼月「我不好、你不好」的心理地位

否定自己，也否定別人，對自己的表現持否定的態度，也不欣賞別人，有時會對別人抱持敵意的態度。

「心理地位」並非固定不變的，檢測出自己的「心理地位」屬於哪一種後，如果想要調整，可以自我練習，將心理地位轉變為「我很好、你也好」。

＊＊＊

自我練習❾ 將心理地位轉變為「我很好、你也好」

通常「自我效能」高的人比較容易喜歡自己、欣賞自己、看重自己、激勵自己，對事物有正向的思考，勇於嘗試和改變。

「自我效能」意味：我們相不相信自己可以達成任務、完成目標。

所以，可以透過練習「自我鼓勵」、「自我欣賞」，來轉變「心理地位」。

給自己「信心」的練習：每天想一句話欣賞自己。

我喜歡我自己是因為……

例如，善逸可以欣賞自己：我喜歡我自己是因為我很努力回應「桑島慈悟郎」爺爺的期待，無論目前是否達到目標。
之後遇到挫折的時候可以翻開來看。
「自我讚美」的練習：當自己做到了，可以詢問自己：怎麼做到的？
這樣可以協助自己整理成功經驗，讓自己覺得「其實我是可以的」。
同時也可以學習竈門炭治郎的特質，練習每天欣賞「自己做得好的地方」以及「自我鼓勵」的練習。

◈嘴平伊之助：原始的求生本能，擁有強大的生存驅力

跟「嘴平伊之助」一樣被動物養大的案例，到目前爲止，史上大概有十幾例，在墨西哥有個四肢著地的狼少女，跟著狼群一起攻擊山羊；印度除了有狼少年，還有豹少年，兩歲時被母豹劫走，奔跑的速度就像豹一樣快。

其中有個被狗帶大的女孩，遭遇跟伊之助有些相似，剛出生時父親就離家出走，母親則是沉溺於酒精中，完全沒有照顧她，從小跟著狗狗一起睡，狗狗爲她找食物、幫她取暖，被發現時完全不會講話，只會用四肢爬行，發出狗狗的吠叫聲。

看過人類被動物養大的眞實案例後，再來看嘴平伊之助的成長故事，就更能了解他的人格特質是如何形成的。

▲嘴平伊之助的成長故事

嘴平伊之助的母親爲了逃離家暴丈夫的拳腳相向，被人帶進「萬事極樂教」，原本以爲可以得到庇蔭，沒有想到，教主竟是十二鬼月的「上弦之貳：童磨」，伊之助的母親因目睹童磨吃人而遭到追殺，在臨死前，母親將伊之助丟下懸崖，大難不死的伊之助被母豬叼走，撫養長大。

後來伊之助遇到一位老人家，教導他人類的語言，儘管進入人類社會，但是從小在野外長大的伊之助還是不習慣穿衣服，他總是戴著山豬的頭套，頭套下的伊之助卻有一張秀麗精緻的臉龐。

《鬼滅之刃》中有很多矛盾衝突的組合，伊之助有粗礦的體格搭配精緻的五官，但是個性上伊之助是內外一致的。

由於從小沒有父母陪伴，也沒有兄弟姊妹一起玩耍，嘴平伊之助最喜歡找人比力氣，比贏就很開心。

▲嘴平伊之助的人格特質

＊原始的求生本能

嘴平伊之助最常掛在嘴上的口頭禪就是：肚子餓了。

從心理學大師佛洛依德的「人格結構」來分析嘴平伊之助的人格特質，伊之助的「本我」佔了很大一部分。

我們每個人的「人格結構」都有三部分：**本我、自我、超我**。

「本我」是人格系統中最原始的部份，是追求生存的本能，行爲動機都在追求生物性需要的滿足，譬如，餓了就要吃東西，渴了就要喝水。

另外「本我」也不能忍受任何緊張造成的痛苦，爲了避免痛苦，「本我」會立即用盡一切手段來降低緊張焦慮帶來不舒服，恢復舒適、穩定的心理感受，抱持「享樂原則（Pleasure principle）」。

這就是何以在「無限列車」上面，伊之助因爲覺得暢快好玩，不顧危險把頭手伸出車外，嚇得善逸不斷把他拉回來。

「自我」可說是人格系統中的總經理，偏向理性、應付外界，並且適應外在世界的重要能力；簡單來說，「自我」負責思考策略與採取有效行動，例如，覺得肚子餓了，「自我」就必需去想辦法弄到食物，不然就無法滿足「本我」的需求。

「超我」是人格系統中道德價值的部份，包括「傳統道德及規範」，如果自己的行爲與超我的自律標準不符，就會受到良心的譴責。

另外「超我」還來自於「父母的道德標準」，會在成長的過程中一點一滴形成「良心」，讓人感到自豪或罪惡。

由於「嘴平伊之助」是被野豬養大，從小缺乏「自我」與「超我」的訓練，也因此，剛開始伊之助的行為非常殘忍粗暴，自從跟竈門炭治郎在一起後，他潛移默化吸收「自我」與「超我」的特質。

＊強大的生存驅力

嘴平伊之助最常掛在嘴上的第二句口頭禪就是：「豬突猛進」。

在山林野外長大的伊之助，擁有強大的生存驅力，他常常說的「自我語言」包括：

「我是最強的。」

「你做得到，我也一樣做得到。」

「快來決鬥，我要打贏。」

伊之助的好勝心很強，不能不如人，只要被別人挑釁：你不行、你做不到，立刻啟動他「豬突猛進」的驅力，不顧一切往前衝。除了原始的求生本能「本我」很大以外，伊之助的「生存驅力」也很強大，表現在行爲上有下面三個：

「要強」(be strong)

「要努力」(try hard)

「要快」(hurry up)

打不贏對手的時候，伊之助會告訴自己：絕對不要認輸。

嘴平伊之助進入鬼殺隊的過程也跟別人不同，他是從別人手中奪走日輪刀，自己創出「獸之呼吸法」，自由揮舞出二刀流法，因緣際會下通過「最終選拔」，從此成爲鬼殺隊的一員。

自我練習⑩ 把「驅力」調整成「允許」

驅力是人們為了生存而產生的，驅力很像是「生存階梯」的入口，因為有了這些驅力行為，人們可以獲得更多的安撫與成就，有益於生存。

但是驅力太強大，不只會影響人際關係，久而久之，身心也會無法承受，這個時候，只要把「驅力」調整成「允許」，無論是人際關係或是身心狀況都會柔軟很多。

- 「要堅強」驅力，可以允許自己：開放坦白、照顧自己的需要是ＯＫ的。
- 「要努力」驅力，可以允許自己：將事情完成是ＯＫ的。
- 「要完美」驅力，可以允許自己：做自己是ＯＫ的。
- 「要快」驅力，可以允許自己：運用自己的時間是ＯＫ的。
- 「要討好別人或自己」驅力，可以允許自己：考慮及尊重自己是ＯＫ的。

也因此，後來也會看到「嘴平伊之助」允許自己放鬆休息、示弱求助，都是OK的。

＊屬於「感官型」，透過觸覺了解外在的世界

嘴平伊之助和善逸、炭治郎都是屬於「感官型」的人，炭治郎透過「嗅覺」了解外在的世界，善逸透過「聽覺」了解外在的世界，而伊之助則是透過「觸覺」了解外在的世界。伊之助也不會「思考」，他覺得會思考就不是眞正的自己。

由於在山林野地長大，伊之助有著超乎常人敏銳的「觸覺」，戰鬥的時候，可以透過空氣的流動感覺到對方的位置，而做出最快速的攻擊行動。

◈竈門禰豆子：擁有排行老二的正向特質，找到自己生存方式

「竈門禰豆子」是竈門炭治郎的妹妹，在家中排行老二，在變成鬼之前，她是個善解人意，凡事爲家人著想的貼心女兒，爲了把物質資源留給弟弟妹妹，她總是捨不得爲自己添購任何物品。

現在就透過竈門禰豆子的成長故事，來分析她的人格主軸。

▲竈門禰豆子的成長故事及人格特質

禰豆子的個性，很符合阿德勒學派「家庭星座」中排行老二的正向特質，優點是不

會經歷老大的失落感，而且一出生就學習跟老大炭治郎相處，因此習慣跟別人分享、合作，對別人較有同理心，連帶的也擁有較好的人際關係。

當家人遭受鬼舞辻無慘的暴力攻擊時，禰豆子捨身保護家人，也因此沾到鬼舞辻的血液，變成了吃人鬼，剛開始她對人類的血液仍有慾望，但靈魂深處聽到炭治郎呼喊自己的名字：加油，禰豆子，為哥哥加油，你不能變成鬼。喚醒了禰豆子內在的人性。

變成鬼之後，禰豆子的行爲退化到幼童的心智狀態，她不需要仰賴人類血液補充力量，而是靠著長期睡眠恢復體力，平常她總是安安靜靜待在哥哥炭治郎背上的木箱裡睡覺。禰豆子擁有可以任意變大變小的能力，在哥哥碰到危險的關鍵時刻，她會施展超強的腿力，就像踢足球般把敵人瞬間踢飛。

儘管不幸成爲了鬼，但禰豆子心中沒有怨恨，她找到自己的生存方式，不被鬼舞辻無慘操控，後來她還克服了鬼「日照就會死亡」的弱點，讓鬼舞辻無所不用其極想要得到禰豆子。

▲關於竈門禰豆子的聯想

不知道是什麼原因，看到禰豆子我就會聯想到思覺失調的當事人，他們大多數人就像禰豆子一樣，靜靜地待在箱子裡，默默無害的努力生活著；他們也像禰豆子一樣，常常會被不知情的人誤解，受到莫名的指責排斥。禰豆子嘴上的竹片，就像精神科的藥物，能夠讓他們保持穩定、安全的狀態。

思覺失調的人會不會成為殺人鬼，跟家庭成員關係好不好，家庭有沒有支持的力量，家庭會如何解讀外界訊息，家庭性格是真誠開放還是自私防衛，家庭對外態度是友善溫暖亦是冷酷攻擊有關。

就像禰豆子有溫暖的家庭保護力量，即使變成了鬼，她依然不會傷害別人。另外，還有珠世大人，生前是個懸壺濟世的醫師，成為鬼後仍然是個利他的醫治者，努力研究調查鬼舞辻無慘的血液，希望有朝一日能夠研發出治療的藥物，為別人解脫痛苦。

這讓我聯想到曾經有個醫師，爲了保護診所的同仁而犧牲自己生命的偉大情操。殺害醫師的人，就是他拼命保護的同仁哥哥，患有思覺失調的同仁哥哥因爲看不慣妹妹吝於爲家人付出，憤而帶刀去找妹妹理論，而同仁的爸爸急於保護自己的孩子，一方面交代診所要好好保護妹妹，另一方面請求診所不要報警，因爲患有思覺失調的哥哥已經太可憐了，別再讓哥哥受到傷害。

但悲劇發生後，這個家庭的每個成員都在保護自己，對被殺身亡的醫師完全沒有同理心。

眞正殺人的其實不是「精神疾病」，而是「人性的自私」、「對人的敵意」、「家人的疏離」以及「憤怒的情緒」。如果自我覺察對人有任何傷害的可能性，就要學習禰豆子好好咬住竹片，依照醫師的診斷好好接受治療，而不是任意剝奪別人的生命，再用精神疾病當成護身符。

02

《鬼滅之刃》的領導者和保護者

Personality Traits

◈主公大人：產屋敷耀哉

《鬼滅之刃》中，竈門炭治郎具有「療癒人心」的力量，而主公大人「產屋敷耀哉」則擁有「凝聚人心」的魅力，他不僅有溫暖而安定人心的聲音，還能夠洞察別人的心理需求，及時滿足對方，灌注對方正向的心理能量。

▲產屋敷耀哉的成長故事

主公大人產屋敷耀哉是「產屋敷家族」的第九十七代繼承人，他和「鬼舞辻無慘」有著血緣關係，都是產屋敷家族的傳人。自從鬼舞辻變為鬼後，產屋敷家族就像受到詛咒般，所有出生的孩子都體弱多病，年紀輕輕便會夭折。

產屋敷耀哉的身體長年承受疾病痛楚，他俊秀的臉龐也因爲疾病的侵蝕而長出斑紋，並且隨著斑紋蔓延全身，壽命也會跟著終結。可是他並沒有自怨自艾，爲了延續家族的命脈，雖然他無法像其他劍士一樣，以高超的武藝守護族人生命，但他卻精進運籌帷幄的智慧，成爲具有凝聚人心魅力的領導者，帶領所有鬼殺隊的夥伴避開危險，預知未來的方向，爲達到最後目標努力不懈。

▲產屋敷耀哉的人格特質

＊凝聚人心的魅力

想想看，什麼樣的領導者特質有助於凝聚夥伴的向心力，能夠讓夥伴自動自發完成工作目標？

產屋敷耀哉完全具備下面這些凝聚人心的領導者特質：

• 可以自我覺察，看到自己的不同面向、不同狀態。
• 心胸開放能讓夥伴感受到安全感，不會擔心說錯話就慘了。
• 對人有彈性，允許夥伴犯錯。
• 能夠容忍事情處於不明確的狀態，而不會焦躁。
• 積極進取，不會輕言放棄。
• 兼具人性化與同理心，可以尊重、理解夥伴。
• 人格成熟，可以適時自我調整，因應局勢的變化。

舉個例子來說，「風柱：不死川實彌」在第一次參加柱合會議的時候，因爲誤會產屋敷耀哉將鬼殺隊的夥伴當成「用完就扔的棋子」，而講出很多挑釁難聽的話語：一看就知道，你從沒鑽研過武術，這種傢伙居然是鬼殺隊的首領，簡直讓人作嘔。

如果心胸不夠寬大，這些話其實是會打中因身體羸弱無法成爲強大劍士的耀哉，但是，耀哉非但沒有動怒生氣，也沒有爲自己辯解，反而同理實彌因爲剛遭逢喪友之痛，才會有這些激烈的反應。

耀哉先跟實彌承認自己的無能，說明雖然自己也曾嘗試過揮刀，但都揮不上十下，呼吸心跳就亂得一踏糊塗，如果可能的話，也想成爲守護他人的強大劍士。

同時也跟實彌道歉，在這樣的狀況還要實彌來開會，接著，耀哉把過世好友的遺言交給實彌。從此以後，實彌對耀哉除了敬重更多了死心塌地跟隨。

從心理的角度，凝聚人心的領導者是「自我接納」與「尊重別人」的，能夠設身處地理解夥伴的失望、挫折以及辛苦，如此才能發揮改變夥伴心智的力量。

自我檢測③ 自己有凝聚人心的魅力嗎？

□可以自我覺察，看到自己的不同面向、不同狀態。
□心胸開放能讓夥伴感受到安全感，不會擔心説錯話就慘了。
□對人有彈性，允許夥伴犯錯。
□能夠容忍事情處於不明確的狀態，而不會焦躁易怒。
□積極進取，不會輕言放棄。
□兼具人性化與同理心，可以尊重、理解夥伴的想法和感受。
□人格成熟，可以適時自我調整，因應局勢的變化，採取最佳策略。

如果你也想像產屋敷耀哉一樣，成為凝聚人心的領導者，看看上面這些特質自己具備那一些？還需要培養哪一些？越能面對自己的真實面，越有可能成為有魅力的人。

＊容易跟別人建立信任關係

根據我的觀察，產屋敷耀哉能夠贏得鬼殺隊所有夥伴的信任，是因爲他具有下面幾個容易跟別人建立信任關係的特質：

親和力高：接受與傳遞意見都眞誠自然。

洞察力強：懂得察言觀色，可以給夥伴實質、心理與情緒上的支持。

具可預測性：說的和做的一樣，夥伴可以印證他說過的話跟採取的行爲是一致的，另一方面也可以推測他未來的行爲方向，不會每次都要重新調整，因此值得信賴。

產屋敷耀哉雖貴爲主公大人，但他卻不走高高在上的路線，而是走親和路線，會特別關懷夥伴的情緒、感受，適時給夥伴心理的支持。

話說有一次，「戀柱：甘露寺蜜璃」因爲相親時被對方拒絕，心情與自信都大受打擊，耀哉知道後，溫柔地跟甘露寺蜜璃說你要爲自己的強大而自豪，不要在意世人的眼光。

這句安慰失戀者的語言是先洞察甘露寺蜜璃內在的需要後，再增強她的自信心。諮商的過程中，常常聽到很多人在安慰失戀者的時候，語言重心都放在「拒絕者」身上，所以不斷強調：天涯何處無芳草，下一個會更好，而沒有將安慰的重心放在「受傷者」身上，先了解對方的心理感受，再同理對方需要什麼。不同的安慰重心自然產生不同的力量。

＊擁有識人之明

十四歲的時候，產屋敷耀哉挺身救出因冤獄險些被處刑的「岩柱：悲鳴嶼行冥」，並且表示自己相信悲鳴嶼行冥沒有害人。

諮商的過程中，有些時候也需要判斷當事人敘述內容的眞實性，說眞的，要洞察一個人的內心世界，做出正確的判斷，是非常不容易的，需要藉助心理測驗量表、語言的邏輯性、歸因的方向、行爲的反應、情緒的反應、性格的特徵、人際互動的線索，綜合各方面的訊息，才能洞察人心。

產屋敷耀哉能在十四歲就看穿一個人的靈魂深處，眞的很不簡單，在一個人最需要別人信任的時候信任自己，「悲鳴嶼行冥」當然也會回饋耀哉最強大的信任感。

＊積極聆聽、安定人心的聲音

竈門炭治郎初次面見主公大人產屋敷的時候，曾經感到不解：這種感覺是怎麼回事，輕飄飄的。

身爲諮商心理師，我很清楚聲音的力量。

聲音具有強大的感染力，暗藏焦慮的聲音會讓收聽者不自覺擔憂起來，蘊藏憤怒的聲音會讓收聽者不自覺恐懼起來。

根據研究顯示，人與人在互動溝通的過程中，有七％來自於「內容」：雙方說了什麼內容。還有三十八％來自於「聲調」：彼此用什麼聲調來表達意涵，給對方的感覺自然也不同。另外有五十五％來自於「肢體語言」：雙方的動作表情，裡面富含大量的訊息，值得用心觀察。

除了擁有安定人心的聲音之外，產屋敷耀哉還具有「積極聆聽」的特質。這裡也提供心理諮商的時候，「積極聆聽」的重點有哪些：

- 積極聆聽對方說話的內容。
- 積極聆聽對方話中的情緒。

• 體會對方的感受。

• 觀察對方說話時肢體的反應，譬如說，對方一直搓手、一直咬指甲。

• 猜測對方肢體反應背後蘊含的意義。

• 不急著問問題、分析狀況或給建議。

透過「積極聆聽」，而不是「選擇性聆聽」，只聽自己想聽的，才能了解對方在跟自己陳述的事實是什麼？眞正的意思爲何？再決定接下來要如何反應。

自我練習⑪ 溫暖友善的聲音，讓談話氣氛更舒服

• 傾聽和反應技巧：幫助自己正確解讀對方話中的意思，並且分享自己所接收

到的訊息給對方。

• **營造談話氣氛的技巧**：創造正向的談話氣氛，較易達成有效的溝通。溫暖、友善、穩定的聲音，可以讓談話氣氛更舒服，不妨覺察一下：自己聲音的表情，作法很簡單，只要在跟別人講話時錄一小段音，然後放出來聽一聽，就會有很大的收穫。

✽念舊惜情，牢記每個夥伴的貢獻

對產屋敷耀哉而言，人的念想，才是永恆的、不滅的。

產屋敷耀哉身體力行自己的信念，不只是掛在嘴上的美麗口號，他牢記每個鬼殺隊犧牲成員的名字、生平、經歷，而且每天都會去爲烈士們掃墓，直到自己無法行走。

*「直觀力」與「思考力」造就預知未來的能力

還記得在說明竈門炭治郎的人格特質時有提到「感官」與「直觀」：這兩種「心理能量」都是我們認識世界的非理性方法，也就是我們如何處理接收到的資料。

炭治郎屬於「嗅覺感官型」，而產屋敷耀哉則是屬於「直觀型」的人。

直觀型的人：常會有突如其來的靈感，注重事情的「可能性」與「關聯性」，所以可以看到潛在遠景。同樣一件事情，「直觀型」的人重視未來性，會預測事情「有哪些可能性」以及「預感會發生什麼事情」，從「潛意識」及「事物間的關聯」來理解世界。

除了擁有「直觀」的心理能力，產屋敷耀哉還有很縝密的思考力，「直觀力」與「思考力」的互補搭配，讓產屋敷耀哉能夠準確預測「鬼舞辻無慘」的狀態，並且做出正確的判斷，帶領鬼殺隊的夥伴安全避開全軍覆沒的風險。

自我檢測④ 自己屬於「感官型」或是「直觀型」？

不妨自我探索一下：自己「接收外在訊息的能力」是屬於哪一個類型？「感官」與「直觀」：這兩種「心理能量」都是我們認識世界的非理性方法，也就是我們如何處理接收到的資料。

- **感官型（S，Sensing）的人**：喜歡著眼於當前事物，習慣先使用五感來感受世界。
- **直觀型（N，Intuition）的人**：注重未來，重視事情「可能性」及「預感」，從潛意識及事物間的關聯來理解世界。

你屬於哪一型？不妨跟竈門炭治郎和產屋敷耀哉學習，好好運用自己獨特的天賦，來接收外在訊息，認識世界的奧妙。

如果想了解自己是否具有「思考型」的心理特質以及其他類型，可以參考「自我檢測⑥：自己的心理能量屬於哪一種？」會有更詳盡的說明。

◈炎柱：煉獄杏壽郎

《鬼滅之刃》中，要想加入鬼殺隊的行列，首先，要在遍布惡鬼的「藤襲山」待上七天，歷經與惡鬼戰鬥、生死的考驗，通過「最終選拔」後，才能成爲鬼殺隊的一員。

接下來，若要晉升到「柱」的層級，需要消滅十二鬼月中的一名惡鬼，或是擊敗五十隻鬼，才有資格成爲「柱」。就像「柱石」支撐著建築的安全，「柱」也保衛著民眾的安全，會在民眾被惡鬼攻擊時及時趕到，驅除殘忍的鬼魅，成爲令人信賴的保護者。

▲煉獄杏壽郎的成長故事

生爲長子的「煉獄杏壽郎」，從小就天賦異稟，無論體格或力量都比同年齡的孩子來得強大。

過去也是鬼殺隊炎柱的父親，在杏壽郎小時候認眞教導他跟弟弟劍術，這個過程成了他最眞實美好的記憶。

母親雖然身體不好，但卻溫柔而有智慧，曾經把杏壽郎叫到跟前，特別告訴他：救助弱者是生爲強者的職責，你要擔負並履行自己的職責。不久之後，母親便過世了。

失去愛妻的父親，一方面失去精神支柱，一方面也對自己的事業感到失望，在雙重失落的打擊下，從此父親長期借酒澆愁，靠酒精痲醉自己。

▲煉獄杏壽郎的人格特質

＊屬於體諒理解的「情感型」

「情感型」與「思考型」都是下決定時內心掙扎的所在，可以看出心理能量的走向。

煉獄杏壽郎明顯傾向「情感型」，可以體諒別人的感受，了解別人的需要，喜歡和諧的人際關係，較易表露情感，樂於說服別人。

✽抱持燃燒般的熱情

在杏壽郎中了「下弦之壹：魘夢」的術式時，進入夢境中，夢中杏壽郎特地去跟父親報告自己成爲「柱」的消息，父親背對著他，口氣冷漠地說：成爲柱又如何，無聊透頂，依然成不了大事。

即便被父親潑了這麼大盆冷水，父親的冷言冷語依然沒有澆熄杏壽郎對生命、對使命的熱情。他對渴望父親肯定的弟弟說：你還有哥哥我，我相信你這個弟弟，不管走哪條路，你都要成爲優秀的人，心中抱持著燃燒般的熱情。

就像傳遞奧運聖火，杏壽郎將「希望之火」傳遞給弟弟，給他力量開創出屬於自己的未來，而不是困在無力感中動彈不得。

＊我會善盡我的職責，這裡的每一個人都不會死

在跟「上弦之參．猗窩座」對戰的過程中，爲了困住猗窩座被陽光消滅，杏壽郎犧牲自己的身體，守護「無限列車」上每個人的安全，他努力貫徹自己的信念：我會善盡我的職責，這裡的每一個人都不會死。

＊強者應該幫助並且保護弱者

杏壽郎始終抱持母親給他的信念：強者應該幫助並且保護弱者，而弱者要試著變強，再去幫助並且保護比自己更弱小的人，這才是自然界的道理。

在杏壽郎臨終前，他把母親的信念傳遞給炭治郎、善逸、伊之助，在此同時，母親的影像也出現在杏壽郎眼前，他問母親說我做得好嗎?該做的事，該履行的事物，都有做好吧。

母親微笑的點點頭，杏壽郎也含笑而逝。

從一個人的座右銘或是信念，可以看出他的人生方向，煉獄杏壽郎的座右銘不僅激勵自己，也激勵周圍所有的夥伴。

✧水柱：富岡義勇

「富岡義勇」在很小的時候父母就過世了，失去雙親的義勇，由姐姐蔦子撫養長大。原本與姐姐相依為命，不料在姐姐大婚前夕，姐姐遭到惡鬼殺害；而他則被姐姐藏在安全的地方，才能逃過被鬼殺死的劫難。

▲富岡義勇的成長故事

富岡義勇成爲舉目無親的孤兒後，義勇更因爲周遭人的閒言閒語，導致心靈受到嚴重的創傷，從此開始與人群隔離疏遠。

之後義勇被「鱗瀧左近次」收爲弟子，跟同爲師傅弟子的錆兔成爲最好的朋友，兩個人也一起參加鬼殺隊的「最終選拔」。義勇在選拔的過程中被惡鬼攻擊受到重傷，雖被錆兔所救，但錆兔卻死了。

一連兩次，保護自己的人都犧牲了，對富岡義勇而言，實在很難消化如此沉痛的自責感，所以儘管他通過「最終選拔」，可是，他始終認爲自己沒有資格，眞正實至名歸的應該是錆兔才對。

▲富岡義勇的人格特質

＊情感內斂又有情有義

一連經歷兩次重大失落，富岡義勇對摯愛的深厚情感，埋藏在身上所穿的羽織裡面，羽織的右半邊花色懷念已故的姐姐蔦子，衣服的左半邊花色懷念已故的摯友錆兔。

看到竈門炭治郎全家都被惡鬼所殺，表面冷靜鎮定的富岡義勇，內心其實激動吶喊：不要哭泣、不要絕望；他完全可以同理在這樣的狀況下，炭治郎內心會有多大的痛楚。可是，義勇說出來的語言，卻是要炭治郎保持理智，認清禰豆子已經成爲鬼的事實，要炭治郎接受現實。

從剛開始富岡義勇要對變成鬼的禰豆子揮刀斬殺，但後來了解狀況後，立刻推薦自己的恩師「鱗瀧左近次」給炭治郎，協助炭治郎踏上解救妹妹禰豆子的奮戰之旅。之後在柱合會議上，義勇更以自己的性命擔保：禰豆子不會傷害人類生命。

由此可以看出，富岡義勇有情有義的一面。

＊理智思考的行事風格

「情感型」與「思考型」都是下決定時內心掙扎的所在，可以看出心理能量的走向。

富岡義勇則明顯屬於「思考型」，習慣使用頭腦思考來做決定，偏好運用邏輯來分析結果，以及會造成影響是什麼。

想知道自己做決定的風格，不妨問問自己幾個問題：

- 過往曾經做過什麼重大決定嗎？
- 對於當時所做的決定，能夠清楚知道，這個決定如何做出來的嗎？
- 跳出來觀察一下：自己做決定時通常會考慮哪些因素？

回顧自己從小到大所做過的決定，可能會驚訝的發現，這些發生在不同時空背景的事件，自己居然做出類似決定。從做決定的過程，可以看出自己慣用的策略。

＊警惕自己的座右銘

有時候太過理性，就會覺得缺少感性，富岡義勇曾經被「蟲柱：胡蝶忍」說過：你就是因為這樣，才會被大家討厭。

相信看過《鬼滅之刃》的人都知道，富岡義勇的名言就是：我覺得自己並沒有惹人厭。富岡義勇另一句名言是：別讓他人掌握你的生殺大權。

不同於煉獄杏壽郎的座右銘傾向激勵自己，而富岡義勇的座右銘則傾向警惕自己。

自我檢測⑤ 自己不同階段的座右銘是什麼？

事實上，從一個人信奉的理念或是座右銘，可以更深入了解自己或對方的人生方向。
不妨問問自己或對方：不同階段的座右銘是什麼？
何以會選這個座右銘？理由是什麼？
並且從裡面找出自己的人生方向是什麼？
給自己的生涯建議是什麼？

＊＊＊

自我檢測⑥　自己的心理能量屬於哪一種？

榮格心理學博大精深，對人類行為觀察入微。
心理學大師榮格（Carl Jung）發現，不同性情傾向的人，使用心理能量（Psychic Energy）的方式也會不一樣，從收集資料、學習方向、做決定風格和生活態度上都截然不同，因而建立性格類型理論（Psychological Types）。經過前面的自我檢測後，找出自己屬於哪一種類型後，這裡提供更深入的解析。

感官型的人有：

竈門炭治郎「嗅覺感官型」

我妻善逸「聽覺感官型」

嘴平伊之助「觸覺感官型」

- **感官型（sensing）的人：**透過感官的活動，接收外在訊息；強調事實，注重實際和具體觀點。
- **感官型的優點：**注意細節、重視實際，能夠記住瑣碎的細節，也較耐得住煩悶的工作，兼具耐性與細心，能夠有系統進行工作。

・**感官型的缺點**：容易失去整體的概念，想不出各種可能解決的途徑，有時會不求創新，無法應付太複雜的工作，也不喜歡預測未來。

竈門炭治郎因為兼具「思考型的優點」，所以可以調和「感官型缺點」，你也可以依據自己的弱點，來做自我調整。

思考型的人有：

富岡義勇「思考型」

竈門炭治郎「思考型」

產屋敷耀哉「思考型」

・**思考型(thinking)的人**：有很強的心智功能，探求解決問題的方法，會根據客觀的事實，倚重分析來做決定，注重公平原則。

‧思考型的優點：合乎邏輯、擅於分析、客觀、公正，有邏輯系統的思考，個人意志堅定。

‧思考型的缺點：容易忽略他人的感受，誤解別人的價值觀，較不在意和諧的人際關係，也較不表露感情、對別人的憐憫心較少，不愛說服他人。

由於竈門炭治郎和產屋敷耀哉，各有其他類型的調和，相對之下，比較沒有「思考型的缺點」。

情感型的人有：

煉獄杏壽郎「情感型」

‧情感型（feeling）的人：常常會對某些事物引起的感觸，下決定的時候，會以個人觀點出發，重視個人價值、喜好和原則。

‧情感型的優點：體諒他人感受、了解他人的需要，喜歡和諧的人際關係，容易表露情感、樂於說服他人。

・**情感型的缺點：**行事較不合乎邏輯、不夠客觀，沒有組織系統的思考，不具批判精神，容易對別人的建議全盤接收，較易感情用事。

直觀型的人有：

產屋敷耀哉「直觀型」

・**直觀型（intuiting）的人：**常會有突如其來的靈感，注重事情的可能性與關聯性，看見潛在遠景。

・**直觀型的優點：**對事情能面面觀之、以整體概念看事情、富有想像力、樂於嘗試新鮮構想、喜歡複雜的工作、喜歡解決新奇的問題。

・**直觀型的缺點：**較不注重細節、不注意實際、不耐沈悶、不合邏輯、把握不住當下、常會驟下斷語。

由於產屋敷耀哉也同時擁有「思考型」的特質，所以剛好可以補強直觀型的缺點。

＊＊＊

自我檢測⑦ 自己做決定風格屬於哪一種？

《鬼滅之刃》中有很多需要做決定的時候，不同的人格特質做決定的風格也不一樣。

其中「栗花落香奈乎」做決定的風格最特別，由於香奈乎有語言障礙，幾乎無法使用語言跟外界溝通，後來發展出以「擲銅板」來做決定的方式。

此外，《鬼滅之刃》裡有句話也讓我印象深刻：不要問別人，你就不能用自己的頭腦思考一下嗎？

自己跟別人說過這句話嗎？有人跟你說過這句話嗎？

碰到不知道該怎麼辨的時候，遇到卡關瓶頸的時候，會如何為自己做出適合的決定呢？

人生最大的智慧，莫過於「做決定」。

在「快」與「慢」之間做抉擇。有些事必須速戰速決，才不會錯失先機；有些事必須慢慢磨練，才能基礎扎實。

在「堅持」與「放棄」之間做抉擇。有些事必須堅持到底，才能有所收穫；有些事必須立即放棄，才不會浪費時間。

在「積極」與「隨緣」之間做抉擇。有些事必須積極爭取，才有發展機會；有些事必須隨緣等待，才能夠水到渠成。

在「善變」與「保守」之間做抉擇。有些事必須變來變去，才有生存空間；有些事必須保守一點，才不會期待落空。

在「服輸」與「不服輸」之間做抉擇。有些事必須認輸，才能知道自己的弱點；有些事絕不能認輸，才能扭轉惡劣情勢。

在「注意小節」與「大而化之」之間做抉擇。有些事必須注意小地方，才不會錯誤百出；有些事必須掌握大方向，才不會一團混亂。

所以，從一個人做決定的風格也可以觀察他的處世態度，準確度很高，不妨自我覺察一下，自己的決定風格是屬於下面哪一種。

理性計劃型的決定風格

理性計劃型的人做決定時，會傾聽自己內在的聲音，也會考慮外在環境的要求，並在最短的時間內做出適當明智的抉擇。最常見的行為特徵是，先有系統的收集資訊，然後邏輯檢視各個選項的利弊得失，做出滿意的決定。

理性計劃決定風格的好處是，主動積極，面對問題，解決問題；懂得掌握先機做出決定，會訓練自己做決定的判斷力與果斷力，可說是創業、升遷的必備能力。對理性計劃型的人來說，一切操之在我，自己就是命運的主宰，不會依賴別人做決定，也不會把責任推給別人。

如果團隊裡的夥伴都屬於理性計劃型，那麼不只溝通順暢，效率也會很高，既不會浪費時間拖延，亦不會花費精力彌補錯誤，可說是最佳的決策組合。像「竈門炭治郎」、「富岡義勇」、「鱗瀧左近次」都屬於理性計劃型的決定風格，聽到對方的分析有道理，馬上採取行動。

衝動型的決定風格

衝動型的人做決定的過程經常是一時衝動，往往會選擇第一個想到的方案，便立刻行動。最常見的行為特徵是：先做了再說，以後再想後果。「嘴平伊之助」屬於衝動型的決定風格。

好處在於，不必花時間收集資料，所以會給人很有效率的感覺。缺點則是，做了之後才發現問題一籮筐，這時又會立刻做出另一個決定，有時候會讓人留下「一錯再錯」的印象。

依賴型的決定風格

依賴型的人做決定時，不僅需要依靠別人收集資訊，更加仰賴別人做出決定，性格上較為被動而順從，亟需獲得他人的讚美，對自己的決定能力缺乏信心。

依賴型的人碰到問題，不是自己先想辦法解決，而是馬上對外求救，直接詢問別人該怎麼做才好。是否很像「我妻善逸」的決定風格。

對外求救雖然可以快速獲得援助，但也失去許多自我磨練的機會，讓自我效能偏低，不相信自己可以想出好辦法、做出好決策。

麻痺逃避型的決定風格

麻痺逃避型的人既害怕面對做決定的結果，更不願意負起責任。最常見的行為特徵是：「知道該怎麼做，但是辦不到。」選擇逃避的好處是，能夠暫時解除做決定的壓力，總之能逃多久算多久。感覺「我妻善逸」似乎也有點像這樣的決定風格。

麻痺逃避型與延宕型的差別在於，麻痺型的人壓根不想做決定，他們可能會為了逃避壓力而封閉自己，甚至於借助各種方法麻痺自己，譬如不少人會逃到酒精或藥物的世界，沉迷其中不可自拔。

猶豫型的決定風格

猶豫型的人做決定時，會努力收集各種資訊，但也因而導致選項太多，無法從中做出取捨，經常處於矛盾掙扎的兩難狀態，做不了決定。最常見的行為特徵是：「絕不輕易做決定，萬一選錯，就慘了。」猶豫不決的好處，可以收集充分完整的資料，相對的，就會變得很沒效率。

由於猶豫型的人做決定前，要把所有可能發生的狀況都思慮清楚，才肯放手去做，結果想來想去，都會碰到阻礙，還是放棄好了。或是好不容易等他做出決定，機會已經被別人搶走，這時再懊惱惋惜都來不及。

順從型的決定風格

順從型的人雖然想要自己做決定，但無法堅持己見，常會屈服於權威者的指示和決定。最常見的行為特徵是，如果別人說ＯＫ，自己也會跟著說ＯＫ。這種做法的好處是，可以跟別人維持表面和諧。

儘管順從別人比較不會引爆人際衝突，不過相對的，常會忽略自己的想法與需求，長期以往，很容易累積委屈的情緒，感受不到自己的重要性。

直覺型的決定風格

直覺型的人很注重自己的情緒感受，做決定全憑感覺而非思考，由於不重視外在的因素，很少能夠系統完整的收集資訊。做決定的依據是：「感覺還不錯，就這麼決定了。」這種風格的好處是比較簡單省事，跟著感覺走；壞處是當感覺改變了，決策也跟著全盤變更。

延宕型的決定風格

延宕型的人知道問題所在，但遲遲不做決定，非得拖到最後一刻才做決定。

最常掛在嘴上的話是：「急什麼？明天再說吧！」延宕的好處是延長做決定的時間，缺點是養成拖延的習慣。

宿命型的決定風格

宿命型的人不信任自己做決定，所以把決定權交給命運或別人，最常見的行為特徵是，認為船到橋頭自然直，天塌下來也會有大個子頂著，因此，對宿命型的人來說，做什麼選擇都是一樣的，如果天時地利不配合，自己再怎麼努力也沒有用。

抱持這種決定風格的好處是，無論事情結果好壞，都不必自己負責任，可以減少心理衝突。缺點是，宿命型的人寧願相信命運，也不願意信任自己，所以，有時會錯失一些和「神明或高人指示不合」的機會。

從上面各種不同做決定的風格來看：「竈門炭治郎」、「富岡義勇」、「鱗瀧左近次」都屬於理性計劃型的決定風格。

「我妻善逸」則屬於多重不同的決定風格，包括「依賴型的決定風格」與「麻痺逃避型的決定風格」，交互使用。

「嘴平伊之助」屬於衝動型的決定風格。

現在知道自己的做決定風格屬於哪一型嗎？可以複選，請根據真實狀況做選擇。

□理性計劃型的決定風格

□衝動型的決定風格

□依賴型的決定風格

□麻痺逃避型的決定風格

□猶豫型的決定風格
□順從型的決定風格
□直覺型的決定風格
□延宕型的決定風格
□宿命型的決定風格

找出自己的做決定風格後，可以依據每種風格的優點和缺點做符合自我需求的調整，幫助自己在人生的旅程中做出適合自己的抉擇，為自己的人生負起責任。

＊　＊　＊

自我練習⑫ 學習 CASVE 做決定的能力

諮商的過程中，會運用很多工具來協助當事人做出適合的決定，像是生涯諮商大師 Peterson 的「CASVE」做決定的步驟，技巧簡單具體，可以幫助「依賴型決定風格」與「麻痺逃避型決定風格」的我妻善逸快速找到方向，解決各種問題。執行步驟如下：

第一步是練習與問題溝通（Communication）。有時候「問題」之所以會出現，是因為理想狀態與實際狀態之間有了落差，落差越大，通常伴隨的情緒也越強。譬如說，我妻善逸很容易被焦慮、失望、不滿、憂鬱等情緒淹沒，這個時候唯有先消除情緒，才能幫善逸看清問題的真正所在。

第二步是分析（Analysis）對自己的了解程度。善逸不妨先解析自己的各種特質，然後才能將能力充分發揮出來。

第三步是運用思考能力（Synthesis）。善逸可以從「擴散性思考」開始，自由聯想對解決問題有幫助的各種可能方案，接著再「聚斂性思考」，運用細密的收網功夫，將各種不適宜的方案刪除，留下最適合自己的方案。

第四步是增進選擇評估的能力（Valuing）。當善逸對自己沒有把握的時候，難免會擔心自己無法做出正確的判斷，此時在情緒上容易焦慮不安、心浮氣躁；在行為上容易猶豫、逃避、退縮。

如果善逸想要鍛鍊自己做決定的能力，一方面善逸可以針對不同的方案評估利弊得失，分析各種方案有利的因素是什麼？不利的因素是什麼？還有要如何化解或是減少不利的因素。另一方面，善逸也能夠依據事情的重要性排列優先順序，事後再檢討決定的結果，久而久之自然能夠培養出驚人的判斷能力。

第五步是執行（Execution）計畫採取行動。執行之前，善逸先分析看看方案的「有效性」如何？解決問題的效果好不好？同時嘗試分析方案的「可行性」高不高，容不容易執行？比較之後，選擇「可行性」高，「有效性」亦高的方案，最後善逸依然可以跟炭治郎討論，並且確定方案的具體實施步驟。

03

《鬼滅之刃》的培育者

Personality Traits

《鬼滅之刃》中有好幾位「培育者」，其中「鱗瀧左近次」、「桑島慈悟郎」與「蟲柱：胡蝶忍」，在培育劍士時所運用的「學習心理」及「訓練方式」非常不同，很值得學習參考。

「培育者」需要具備三個美德

相信很多人在學習新事物的時候，都有過這種不愉快的經驗，只要反應稍微慢一點，就會被貼上「機械白痴」、「××白痴」的標籤。自信心薄弱的人，在被罵過幾次之後，就真的覺得自己是「白痴」，乾脆放棄學習。

說起來冤枉，大部分的人之所以學不會新東西，原因多半不是資質魯鈍，而是「培育者」的教法不對。

從我個人的學習經驗中，歸納出一個好的「培育者」，需要須具備下面三個美德：

第一個美德是，要了解「學習心理」。

根據心理學家的研究，一般兒童在學習畫圖時，都是先學會畫圓形，然後才會畫方形；在學習新事物時，都是先學會具體的事物，而後才能學會抽象的觀念。

所以，倘若「培育者」只會講「專有名詞」，而不會用「具體事物」講解，就表示「培育者」的教法可以再調整。

另外，無論學習或工作的時候，如果受到培育者「積極的正增強」，就會在教育或職業活動中有較佳的表現，並且形成對特定領域的偏好。舉例來說，如果「培育者」認爲這個學生很有語言天分，那麼他對學習語言就會特別偏好，「培育者」認爲這個學生很有數理天分，那麼他對學習數理就會特別偏好。

由此可知，語言的暗示力量有多強大。

第二個美德是，要擁有高超的耐心。

一個好的「培育者」，可以一個步驟、一個步驟慢慢地解釋清楚，而不會跳躍式的說明。並且，就算學生聽不懂，「培育者」也會一遍又一遍地講解給對方聽，不會面露不悅之色。

第三個美德是，給學生「犯錯的機會」。

好的「培育者」不會學生一操作錯誤，便急著拿一根棍子敲學生的頭，再狠狠地罵一聲「白痴」、「笨蛋」。好的「培育者」會給學生犯錯的機會，讓學生從錯誤中學習。

現在就來看看三位「培育者」各自運用哪些「學習心理」及「訓練方式」？

◈善於設定目標的「鱗瀧左近次」

竈門炭治郎剛接受「鱗瀧左近次」訓練的時候，是從每天、每天反覆練習下山回家開始，路上設計了各種陷阱，起初炭治郎光是避開陷阱就覺得困難，漸漸的，越來越能躲開陷阱。

訓練專注力及反應力：

這個階段，鱗瀧左近次主要是在訓練炭治郎的專注力及反應力。設定的目標不宜過度簡單，炭治郎需要用心去完成目標，這樣做的用意是，一方面炭治郎會較有成就感，另一方面亦較能夠負起責任，提高自尊。

設計「困難目標」的技巧：

可是，當炭治郎體力變得更好，鼻子也變得更敏銳的時候，鱗瀧師傅就將陷阱的難度提高。

根據身體與心理的承受力，每次的「困難目標」大約提升百分之五至百分之十五的難度最好，而不要超過前一個成就太多，這樣可以增加成功經驗，同時降低壓力，對增強自信心很有幫助。

設計「表現目標」的技巧：

接下來，鱗瀧師傅要炭治郎拿刀練習下山，手上多一樣東西，又增加一點難度，然後練習揮刀，從揮刀一千下，再慢慢增加次數，每次增加五百下。

經過循序漸進，札實的練習後，鱗瀧師傅又以「表現目標」（performance goal）爲導向，讓炭治郎全力追求個人表現，像是跑得更快、擲得更遠、投得更準。

設計「過程目標」的技巧：

等到炭治郎越來越像一位劍士後，鱗瀧師傅再以「過程目標」（process goal）爲導向，著重於精進表現的技術、形式、策略。這個階段，如果可以把「表現目標」和「過程目標」相互配合，將問題視爲學習成長的機會，就可以逐步改善整體表現。

舉例來說，鱗瀧師傅在這個時候，先訓練炭治郎「摔倒練習」，讓炭治郎無論在什麼狀況下摔倒，都要正確承受、迅速爬起來。

接著再加碼「環境險惡」，要炭治郎去更危險、空氣更稀薄的地方練習，有利於未來戰鬥時，不管環境如何惡劣，都能夠戰鬥，不會被環境限制能力。

同時也訓練炭治郎改變體型以及特異的能力，幫助炭治郎受傷時可以快速恢復。

當炭治郎的技術可以超越對手，自然可以贏得戰鬥。

訓練的過程中，鱗瀧師傅還要觀察炭治郎：能不能集中專注力在明確的任務上？是否能夠不斷增加努力與練習的強度？能不能夠持續面對困難與失敗？可不可以持續激勵自己挑戰目標？從前面炭治郎的成長進步可以知道，炭治郎每一種目標都有達成。

同時兼具「團隊目標」與「個人目標」：

另外，當任務目標同時具有「團隊目標」與「個人目標」，則可以有效提升整體表現的成果。

從心理的角度來看，倘若只有「團隊目標」而沒有「個人目標」，就很容易產生社會懈怠現象（Social Loafing），降低個人努力的動力。

像炭治郎在執行鬼殺隊的任務目標時，就同時完成「團隊目標」與「個人目標」，既可以保護大眾安全，又可以幫助妹妹禰豆子變回成人類。也因此，炭治郎自始自終，都維持高昂的戰鬥力。

訓練到最後，「鱗瀧左近次」跟炭治郎說：老夫沒什麼能教的了，接下來就靠你自己是否能夠融會貫通，加以昇華。

炭治郎在練習劈開巨石的時候，錆兔曾經提醒炭治郎：你只把知識記到腦裡，身體沒有學會。事實上，這整個訓練過程，跟諮商心理師的養成過程很像，都需要把各個不同諮商學派的知識融會貫通，進而內化成爲自己的一部分，讓身心靈都學會，才能運用在當事人身上。

無論天分高低，有目標者的成功機率都大於無目標的人，尤其是符合自我需求的目標，是自己想要的，不是被別人強迫的，達成目標的過程兼具樂趣與意義，自然得到成就感、快樂感與滿足感。

自我練習⑬ 設定適度的目標

很多想要進步的人，都把目標設得太高，讓自己累積太多挫折感，反而達不到目標。

諮商的過程中，我常帶領當事人設定適度的目標，方法其實很簡單，從「做到的」開始，先讓當事人自我讚美：「我覺得自己做得不錯的地方有哪些？」然後帶領當事人整理成功經驗：「我是如何做到的？」這樣下次他就可以複製成功經驗。

再引導當事人為自己設定進步的起始點：「我對自己表現滿意的程度是幾分？」

接下來就可以設定進步的目標：「我希望進步到幾分？」並且轉化成具體的步驟：「我覺得多做些什麼，可以更符合自己的期待？」

這樣自然可以引發成功心理，讓自己不斷產生前進的動力。

永遠不放棄學生的「桑島慈悟郎」

對「我妻善逸」而言，「桑島慈悟郎」爺爺既是照顧者也是培育者，在訓練的過程中，無論善逸的學習狀況如何，爺爺都會鼓勵善逸：你這樣就很好，只要能學會一招，就普天同慶了，既然只能學會一招，那就鑽研到極致、磨練到極致。

桑島慈悟郎爺爺的教育理念是，把強項發揮到極致，這樣的學習過程比較容易產生成就感，有助於累積成功經驗。

不過，在我自己的學習過程中，遇到很多培育者都傾向鼓勵「勤能補拙」的學習精神，要學生把大量的時間、精力、注意力放在自己的弱項上面，可想而知，這樣的學習歷程自然會累積大量的挫折感。

面對總是在哭泣、逃跑的善逸，爺爺不只是接納善逸的行爲，更勉勵善逸：你哭也好，逃避也罷，但不要放棄，你要相信，努力一定會有回報，成爲比任何人都要強韌的刀刃。

「桑島慈悟郎」爺爺這種「永遠不放棄對方」的執著，也是會發揮巨大力量的。善逸過往的人生經驗，只要失敗一次，哭哭啼啼的逃避，大家都會覺得這個人完了，然後離善逸而去。只有爺爺一次又一次，硬是把逃避的善逸拉回來，從來沒有對善逸失望過。

諮商的過程中，我深深感覺，無論一個人的身心狀況如何，學習成績如何，始終都不放棄對方，相信對方是有能力的，眞的可以轉化成改變的力量，但前提是，要非常、非常有耐心，不能輕言放棄。

自我檢測⑧ 自己的「心理肌力」有多強？

鍛鍊「心理肌力」的目的，有助於做好自我管理，幫助自己達成短期目標與長期目標。不妨提起筆來自我檢測自己的「心理肌力」有多強？

- **聚焦專注**：無論在什麼環境或狀況下，都可以專注於當下，聚焦於手中的任務。

  一到十分，給自己幾分？

- **因應困境**：遇到瓶頸或挫折，不會自我打擊，也不會退縮卻步，對內可以自我增能，對外也能尋求資源協助。

  一到十分，給自己幾分？

- **目標設定**：知道在什麼狀況下為自己設計適合的目標，並且評估目標達成程度，使目標發揮作用。

一到十分，給自己幾分？

- **成就動機**：可以持續保有前進的熱情及超越的動機。

一到十分，給自己幾分？

- **適應培育者**：可以跟培育者雙向溝通，說出自己的目標、挫折及感受。

一到十分，給自己幾分？

從上面「心理肌力」評估量表的分數高低，不妨針對自己想要增強的部分，思考一下：可以運用上面介紹的那些方法達成，或是找自己的「培育者」或是諮商心理師一起討論，進一步找到提升「心理肌力」的方法。

◈ 善於引發內在動機的「蟲柱：胡蝶忍」

臉上總是掛著笑容的「蟲柱：胡蝶忍」，不僅精通藥學，可以依據對手的特性，快速製作出相應的毒素，給對方致命的一擊。

在訓練鬼殺隊夥伴的時候，胡蝶忍也會依照每位夥伴不同的人格特質，引發他們內在的動機，不會強迫他們練習。

因爲胡蝶忍知道，學習動機越強烈、積極性越高，投入練習的努力程度就越高，取得的成績也會越大；相反的，若缺乏完成練習的內在動機，那訓練成績也會越低。

所以，對於「自主管理」極佳的竈門炭治郎，胡蝶忍安排了幾位熱忱的「陪訓者」，一方面在旁邊爲炭治郎加油打氣，當炭治郎達成目標，大家就像啦啦隊一樣爲炭治郎歡呼。

另一方面熱忱的「陪訓者」們也會在旁邊提點炭治郎「關鍵技巧」，告訴炭治郎「做得到」與「做不到」的人之間有什麼天壤的差別？然後傳授進步的祕方，並且在炭治郎的請求下，扮演監督者的角色。

對於缺乏練習動力的「嘴平伊之助」及「我妻善逸」，胡蝶忍既不會責罵他們，也不會鞭策他們兩個學習精進，而是根據伊之助與善逸的人格特質，分別給他們不同的說法，讓他們自己產生內在的動機。

胡蝶忍深知伊之助「好勝心很強，不能不如人」，因此，胡蝶忍對伊之助說：學會是理所當然的，我本來以爲伊之助能輕輕鬆鬆學會，原來你學不會啊，學不會就沒辦法，這也是無可奈何的事。

立刻激發伊之助的好勝心，馬上決定投入學習：我學得會，當然學得會，妳少瞧不起我。

對於「我妻善逸」，胡蝶忍則是握住善逸的手說：請好好加油，我最想幫你加油打氣了。讓原本覺得「我沒辦法記住」、「我真的不行」的善逸，充滿動能的開始練習。

胡蝶忍非常善於看出一個人的「內在本質」，並且採取不同方式引發學習動機，想知道自己的「人格特質」和「天賦異稟」嗎？不妨提起筆，做做下面的自我檢測。

自我檢測⑨ **自己的「人格特質」、「天賦異稟」在哪裡？**

每個人來到這個世界，老天爺都會致贈一份豐厚的生命禮物：包括「人格特質」、「天賦異稟」以及「外貌氣質」。假如懂得善用這份厚禮，自然能夠成就一番事業，擁有享用不盡的豐碩果實。

認真思考自己具備哪些「天賦異稟」：

「做什麼事情最駕輕就熟？」

「別人最常稱讚自己的優點是什麼？」

下面哪種能力最強（可複選）：

□記憶力
□表達力
□思考力
□專注力
□審美力
□分析力
□判斷力
□組織力
□連結力

□執行力
□創意力
□意志力

仔細觀察自己的外貌氣質屬於哪種類型（可複選）：

□親和型
□嚴肅型
□甜美型
□可愛型
□溫暖型
□冷峻型

自己特別吸引什麼樣子的人靠近自己（可複選）：

□比較有小孩緣

□比較有長輩緣

□比較有異性緣

□比較有同輩緣

□比較有同性緣

□比較有觀眾緣

□比較有顧客緣

如果還不確定自己的「天賦異稟」是什麼？下面這個測驗，有助於做個簡單的自我了解。

測驗開始

請根據真實感覺做答。

(1) 喜歡跟人群接觸聊天。

是□　否□

(2) 熱愛參加各種不同的社團和課程。

是□　否□

(3) 欣賞有主見、有個性的朋友。

是□　否□

(4) 樂於幫助別人解決問題，度過難關。

是□　否□

(5) 善於策劃舉辦活動，每次都能賓主盡歡。

是□　否□

（6）任何事情只要做第二次，就會覺得不耐煩。

是□　否□

（7）對流行事物非常感興趣。

是□　否□

（8）常常會把東西拆開來研究一遍。

是□　否□

（9）碰到不懂的事情，會想盡辦法從頭到尾弄個明白，受不了含糊不清的感覺。

是□　否□

（10）只要有新款的科技產品上市，非得弄一台來玩玩不可。

是□　否□

（11）習慣一個人思考獨處。

是□　否□

(12) 討厭做耗費體力和到處奔波的活動。

是□　否□

(13) 房間桌面一定要整理得井井有條，不然就會渾身不舒服。

是□　否□

(14) 必須過規律的生活，固定的作息。

是□　否□

(15) 喜歡從事熟悉的事物，若每天變換工作內容，會覺得很沒安全感。

是□　否□

(16) 學習語言就像唱歌一樣輕鬆愉快。

是□　否□

(17) 覺得電影、書籍和音樂，都是生活中不可或缺的必需品。

是□　否□

(18)穿著打扮有自己獨特的風格和審美觀。

是□　否□

(19)對環境的要求比較高，會刻意布置居家環境。

是□　否□

(20)認為對的和好的事情，會堅持自己的看法。

是□　否□

(21)長時間坐著不動，就會腰酸背痛、精神不濟。

是□　否□

(22)酷愛接受挑戰，享受征服的快感。

是□　否□

(23)從小就有貨比三家不吃虧的概念，會仔細比較品質與價格之間的關係。

是□　否□

（24）希望經濟不虞匱乏，能夠買到心愛的東西。

是□　否□

（25）會為了達成目標而廢寢忘食。

是□　否□

「天賦異稟」解析：

＊答案中1、2、3、4、5題回答「是」者，屬於「親和樂群的服務型」。

親和樂群的服務型不但樂於接觸人群，而且有很強的親和力，能夠輕易打入團體中，結識談得來的朋友。

服務型的人特別適合從事與人打交道的工作，別以為只有「服務業」需要這種類型的人才，事實上，現在各行各業都需要服務型的人才。

「人格特質」並沒有好壞之分，只要放對地方、用對優點，就能產生巨大的影響力，讓生命發光發熱。

*答案中6、7、8、9、10題回答「是」者，屬於「喜歡動腦的創意型」。

喜歡動腦的創意型多半具有強烈的好奇心，刺激需求亦比較高。當生活步上軌道，開始穩定下來時，創意型血液裡求新求變的因子便會蠢蠢欲動，渴望尋求突破。

假如厭惡一成不變的規律生活，常常會被瑣碎的事物搞得心煩意亂，那最好找個能夠同時滿足好奇心、創造欲與刺激需求的工作，讓頭腦有靈活運轉的空間，人生才不會越過越沒力氣。

*答案中11、12、13、14、15題回答「是」者，屬於「謹慎細心的務實型」。

謹慎細心的務實型最大的本領，就是把抽象的紙上計劃，具體落實出來，可說是喜歡動腦創意型的最佳拍檔。

「執行力強」加上「不厭其煩」，讓務實型在碰到困難時，能夠冷靜沉著地想出解決方案；遇到瑣碎的事物時，可以耐著性子逐步完成每個細節。

雖然「務實型」的人不似「創意型」的人風光出色，但若少了務實型的努力付出與細心規劃，再好的計劃、再棒的創意也是枉然。

但這並不代表「務實型」的人就會缺乏創意，而是不要忽略自己謹慎細心、按部就班、實事求是的特質，這可是有錢也買不到的珍貴能力。

*答案中16、17、18、19、20題回答「是」者，屬於「注重精神的人文型」。

對注重精神的人文型而言，人生不能純粹為了賺錢，還要結合興趣喜好，彰顯生命意義，進而實現理想抱負；否則就會覺得工作是在「浪費時間」。

從正向的角度看，人文型渴望產生影響力，期待工作時能夠同時滿足創造力與成就感；但換個角度思考，工作的意義往往是個人賦予的，如果太過嚴格規定：什麼工作有價值，什麼工作沒意義；一不小心便會陷入「眼高手低」或「設限太多」的盲點裡，無形中即阻斷了發展各種潛力的機會。

做過各種不同性質的工作後，我深深覺得，每個工作都有其意義與價值，不妨先給自己一個機會試試看，若實在沒興趣再求去也不遲；至少你知道原因，可以幫助自己找到更適合的工作。

＊答案中21、22、23、24、25題回答「是」者，屬於「熱愛挑戰的將領型」。

熱愛挑戰的將領型非常喜歡比賽競爭，刷新紀錄的感覺。也因此，工作時將領型會不斷地設定新目標，開闢新戰場，讓自己從挑戰成功的快感中，強烈體會到存在的價值。

一般來說，熱愛挑戰的將領型多半領導力強，挫折容忍度高，為達成目標，敢冒別人不敢冒的險；承擔別人受不了的壓力。大部分的企業經營者和業務相關人才，都具備這項特質。

做完測驗後，可能會發現自己是屬於綜合型，每一種特質都有一點，可以看看哪一種天賦的元素最多，多加以發揮。

人生是一條不斷調整與進步的道路，沒有人會一輩子做同一份工作，擔任同一個職務，所以不要害怕自己被擺錯地方，只要有自我覺察的能力，懂得如何善用天賦的禮物，就能為自己找到一條通往成功的道路。

04

《鬼滅之刃》的各種呼吸法

Personality Traits

《鬼滅之刃》中有各式各樣的呼吸法，最重要的是日之呼吸法。日之呼吸法又發展出水之呼吸、炎之呼吸、岩之呼吸、風之呼吸、雷之呼吸等次級的呼吸法。

水之呼吸法又演變出：蛇之呼吸與花之呼吸。

炎之呼吸法又演變出：戀之呼吸。

雷之呼吸法又演變出：音之呼吸。

風之呼吸法又演變出：霞之呼吸與獸之呼吸。

花之呼吸法又分支出：蟲之呼吸。

《鬼滅之刃》中，鬼殺隊的成員們爲了要在戰鬥時對抗再生修復功能超強的鬼，需要快速調整自己的身體狀況，以及心理技能，這個時候，透過不同的呼吸法，一方面提升專注力，另一方面使血液充滿氧氣，讓體能升級到最佳狀態，迎接一連串的極限戰鬥。

呼吸流派

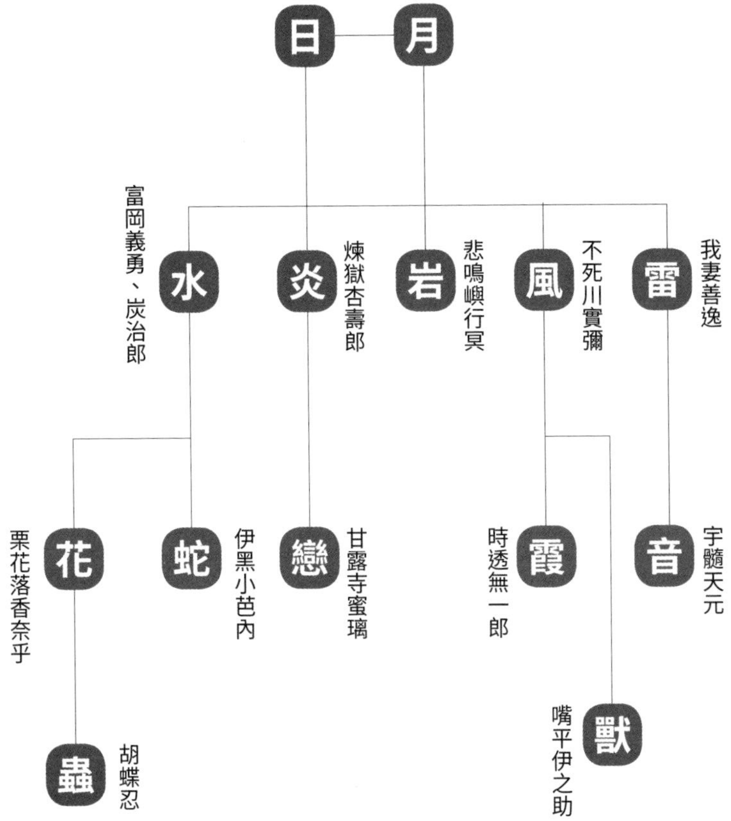
日
月
水
富岡義勇、炭治郎
炎
煉獄杏壽郎
岩
悲鳴嶼行冥
風
不死川實彌
雷
我妻善逸
花
栗花落香奈乎
蛇
伊黑小芭內
戀
甘露寺蜜璃
霞
時透無一郎
音
宇髓天元
蟲
胡蝶忍
獸
嘴平伊之助

◈何以學習呼吸法這麼重要？

我們每個人都需要呼吸，吸入氧氣，吐出二氧化碳，才能維持生命。

可是，當身體承受壓力，呼吸會不自覺變淺變短。當我們心情煩躁時，呼吸會不自覺紊亂無章。當我們疲憊焦慮時，呼吸會不自覺費力急促。當我們與人發生衝突時，呼吸會感到胸悶喘不過氣來。

事實上，心理諮商的過程中，常會帶領當事人做各種不同的呼吸練習。調節呼吸可以放鬆緊繃的身體，減緩疲勞感，有助於身體恢復機能。再者，也能透過呼吸轉化情緒，改變思考方式。

學習呼吸法，可說是最好的自我照顧，同時進行身心療癒。

你也可以像《鬼滅之刃》鬼殺隊的成員們一樣，學習適合自己的呼吸法。

＊運用呼吸創造冷靜心理

我們每個人都可能會遇到慌亂、不知所措的時候，越是重要的關鍵時刻，越需要靜下心來面對。

想要創造冷靜心理，第一步，先靜止不語，並將注意力與覺察力放在呼吸、耐心、信任上面。

＊有效降低焦慮，大幅提升專注力

規律的呼吸可以讓我們保持沉靜，有效降低焦慮，大幅提升專注力，讓精神得到休息。平常就需要練習達到經常性的完全放鬆，這樣在戰鬥最激烈的時候才能做到快速放鬆。

在比賽戰鬥的情境中，需要在幾秒鐘內讓自己快速放鬆。上場前做十到十五秒的身體放鬆，有助於心理的鎮定，讓自己專注於戰鬥。因爲當交感神經過度活化時，身心會變得焦慮、心跳加快、緊張冒汗、呼吸喘不過氣來，就會影響表現結果。

*透過呼吸傾聽身體的聲音

從心理能量的角度，注意力灌注在哪裡，哪裡就會開花結果。盡可能把注意力放在呼吸，體會空氣進入身體的感受，從頭部開始，慢慢覺察整個身體的感受。

練習方法：

慢慢地深呼吸，讓空氣進入身體，首先，讓空氣來到頭部，感覺一下，頭部有什麼感覺？（緊緊的、脹脹的、痛痛的……）

然後，慢慢地吐氣。再慢慢地深呼吸，讓空氣進入身體，讓空氣來到眼睛（鼻子、嘴巴，一次一個部位），感覺一下，眼睛有什麼感覺？（酸酸的、癢癢的……）

接著，慢慢地吐氣。再慢慢地深呼吸，讓空氣進入身體，讓空氣來到脖子（胸部、手部、腹部、臀部、腿部，一次一個部位），感覺一下，脖子有什麼感覺？（緊緊的、酸酸的……）

同時配合正確的呼吸，呼吸可以幫助我們覺察身體的狀態。

◈依據不同身體需求選擇呼吸法

＊腹式呼吸法

可以讓身體放鬆，有效宣洩不舒服的情緒，適合所有的人。

練習方法：

腹式呼吸時，吐氣要緩慢且深長，可以讓身心舒暢，情緒開朗而穩定。將一隻手的手掌，輕輕的放在肚臍的位置上，感受你的腹部，因爲呼吸的關係而起伏，吸氣、吐氣，呼吸盡量的均勻，感受你腹部起伏的程度慢慢的加大，讓空氣充滿你的腹部，吐氣的時候，想像所有的煩惱、所有的負面情緒，都隨著吐出的空氣消失。

＊增能呼吸法

有助於生理覺醒，促進專注力，提升自信心。「完全增能」的方法是激勵式呼吸，特別適合竈門炭治郎。

＊胸部呼吸法

胸部呼吸法可以提升交感神經的作用，讓身體更有活力。

＊全面呼吸法

同時進行胸部呼吸與腹式呼吸，可以讓身體吸進大量氧氣，有助於頭腦清醒，適合所有的人。

＊心律呼吸法

可以讓心靜下來，幫助我們讓頭腦關機，快速消除疲勞感。特別適合容易慌亂焦慮的我妻善逸。

練習方法：

將手指輕輕的按壓手腕的內側，直到你可以清楚感覺到自己脈搏的跳動，在心裡默數脈搏的跳動，直到自己熟悉心跳的韻律，配合脈搏的跳動，嘗試每四下跳動爲一次連續吸氣的長度，配合脈搏的跳動，每跳四下爲一次連續呼氣的長度，根據自己的脈搏速度，調整呼吸長度。仍然按著脈搏，將呼吸的長度拉長，接下來，嘗試每六下心跳爲一次吸氣吐氣的長度，根據你自己的脈搏速度，調整你自己的呼吸長度。

當呼吸、心跳、腦波或肌肉和神經的頻率都和諧一致時，可以讓免疫、消化、循環、思考力、創造力都大幅提升且運作順暢。

＊感謝的冥想呼吸法

可以產生內在力量，準備好來一趟感恩之旅了嗎？

練習方法：

請輕輕的閉上你的雙眼，將你手掌輕輕放在大約肚臍的位置上，放慢你的呼吸，感受從腹部做有規律的呼吸，吐氣，吸氣，儘量的放鬆全身的肌肉，再放鬆一點。

現在請從你的記憶中搜尋，值得你感恩的事物。你將會喚起許多值得感恩的人、值得感恩的事情，慢慢的你的心思，將會專注在某個特別想要感恩的人，你感覺有許多感恩的話要對他說，或許是你還沒有機會說出來的話，他正微笑著傾聽你說出感恩的話，是的，他已經接受到你的感恩與祝福，他也希望你能夠將你的幸福傳遞給更多的人。

經過感恩之旅後，感受自己是個比昨天更懂得感恩的人，更能帶給別人幸福的人，你會感覺到一股暖流充滿全身，是一個充滿正向能量的人，迎接這個美好的世界。

自我檢測⑩ **身體裡藏有多少創造能量？**

《鬼滅之刃》中很多角色都擁有強大的創造能量，像是「嘴平伊之助」獨創出「獸之呼吸法」，從一型到十型，自由揮舞出二刀流法。

「不死川實彌」開始的時候，完全不知道有消滅鬼的武器「日輪刀」，也不清楚有「鬼殺隊」的存在，實彌抓到鬼後，用最自然的陽光日照法將鬼灼燒致死，之後實彌更自創出「風之呼吸法」。

「我妻善逸」自從得知殺害爺爺的兇手後，獨創出「雷之呼吸柒之型火雷神」，居然能夠消滅上弦之鬼六。

「竈門炭治郎」領悟力高、連結力強，可以將「水之呼吸」與「火神樂舞」結合，創造出強大的威力。

創造力是一種內心的渴望，那種感覺，就彷彿身體裡藏著一座火山，當創造能量噴發時，靈感便會傾洩而出，擋也擋不住。想知道自己身體裡藏有多少創造能量嗎？做做下面這個測驗，或許會有新的發現。

請根據真實感覺做答

(1) 喜歡觀察周遭的人事物，而且常會發現「新大陸」。

□是　□否　□不一定

(2) 對什麼事情都充滿好奇心，一但產生興趣，就不會轉移目標。

□是　□否　□不一定

(3) 常常會想，「這件事為什麼不可以這樣做？」

□是　□否　□不一定

(4) 只要專心工作，就會忘記時間的存在。

□是　□否　□不一定

(5) 信奉科學大師費曼的名言，「你管別人怎麼想？」不怕被人批評。

□是　□否　□不一定

(6)勇於冒險，越刺激越有精神。
□是　□否　□不一定

(7)每當生活產生變化，就忍不住興奮莫名。
□是　□否　□不一定

(8)討厭權威，最怕遇到愛命令別人的人。
□是　□否　□不一定

(9)和朋友爭論時，只要認為自己是對的，說什麼也不會妥協。
□是　□否　□不一定

(10)興趣廣泛，會抽空參加各種活動。
□是　□否　□不一定

(11)總覺得自己還有很多潛力，沒有被開發出來。
□是　□否　□不一定

(12)即使碰到挫折，也不會愁眉不展，會想辦法克服挫折。
□是　□否　□不一定

(13)遇到問題，會找出各種可能的方案，而不會死守一個方法。
□是　□否　□不一定

(14)喜歡嘗試各種不同的做事方式，實驗各種不同的生活方式。
□是　□否　□不一定

(15)不喜歡結交對事物有「刻板印象」的朋友。
□是　□否　□不一定

(16)喜歡提出新建議，卻不會強迫別人贊同。
□是　□否　□不一定

(17)當別人提出不同的意見或做法時，不會馬上反應「那一定行不通啦」。
□是　□否　□不一定

(18)善於結合各個不同領域的資源，成就自己的夢想。
□是　□否　□不一定

(19)當別人問你：「哪一個比較好？」的時候，你立刻能判斷出好壞。
□是　□否　□不一定

(20)凡是自己感興趣的事情，既不會怕麻煩，亦不怕處理問題。
□是　□否　□不一定

(21)不愛「一本正經」過日子，主張「隨性一點又何妨」。
□是　□否　□不一定

(22)不管什麼事情，都可以想出「新玩法」，不用擔心找不到創造的機會。
□是　□否　□不一定

(23)雖然崇尚自由，但同時也遵守紀律，認為「自由」與「紀律」是可以並存的。
□是　□否　□不一定

(24)每天都會留點時間發發呆，想想事情，讓思想天馬行空地奔馳。

□是　□否　□不一定

(25)做事不會光看結果如何，也會注意過程的發展。

□是　□否　□不一定

評分方式：

上面共有二十五個測驗題，答「是」者得到「2」分。答「否」者得到「0」分。答「不一定」者，得到「1」分。

結果分析：

＊40—50分　創造能量非常旺盛。

創造就是形成「新觀念」與「新事物」的過程。在這個過程中，需要不受成規限制，一方面靈活地運用過去的經驗，另一方面勇於試驗各種新方法，才能創出新局。測驗分數越高的人，接受新觀念與新事物的能力越強，自然擁有旺盛的創造能量。

＊30—40分　思想靈活不古板。

通常創造能量豐沛的人，都具備三個基本的能力。

一是，思想靈活，懂得變通。

二是，見解獨特，與眾不同。

三是，反應快速，能在最短的時間內，想出最多的東西。

要擁有多變的頭腦，先要擁有多變的生活。從得分高低，就能看出你的生活「應變能力」有多強了。

＊20—30分　習慣沿用舊習，較缺乏變化。

過著一成不變的生活，雖然比較安全保險，但同時也失去許多樂趣。想擁有旺盛的創造能量，先從改變生活做起。

＊20分以下　多多培養創造能量。

這二十五個題目，其實都是「增強創造能量的方法」。如果你覺得自己的創造能量不夠旺盛，不妨在日常生活中，實踐這二十五個方法，相信能讓你的思想更靈活、創造能量更強大。

05

充滿暴力憤怒的惡鬼

Personality Traits

在《鬼滅之刃》中，有各式各樣的鬼，如果把這些鬼的人格特質放大來看，和現實生活中的暴力份子有許多相似的地方。

鬼階級表

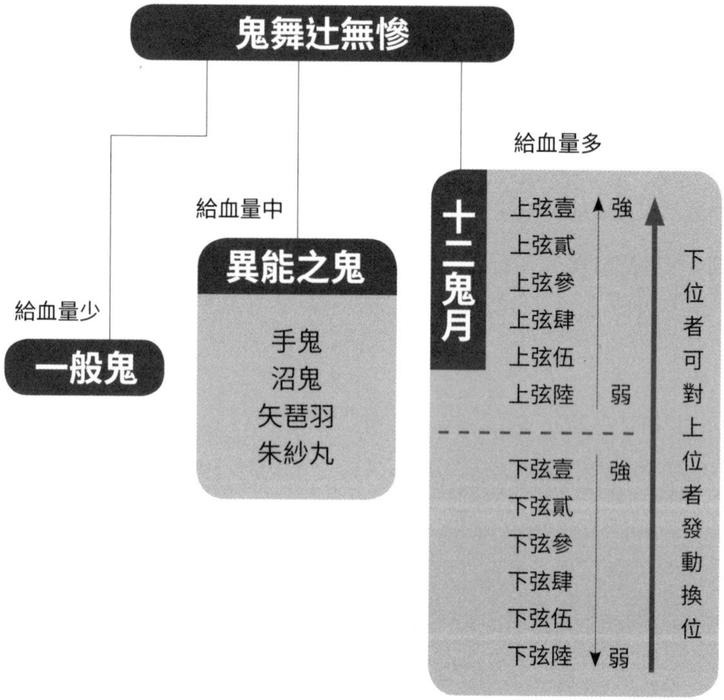

✧鬼王：鬼舞辻無慘

《鬼滅之刃》中最殘酷的鬼大概非「鬼舞辻無慘」莫屬，不但人類怕他，鬼也怕他，連他輸血培育的十二鬼月都怕他。

令人好奇的是，如此殘暴的鬼是怎麼養成的？

▲鬼舞辻無慘的成長故事

「鬼舞辻無慘」出生於日本平安時代，儘管家境富裕，但他一出生就體弱多病，青少年時期更罹患絕症，常常徘徊於死亡邊緣。接受醫術精湛醫師的治療後，他誤以為醫師的治療方式沒有效，憤怒的殺了醫師。這個時候他發現自己變成了鬼，成為鬼以後，鬼舞辻無慘的身體狀況跟活著的時候完全不同，他擁有超長的壽命以及超強的能力，可是必須長期喝人類的血液才行，同時他還有兩大弱點，一是接受日照就會死亡，一是接觸紫藤花就會中毒。

為了克服這兩大弱點，鬼舞辻無慘製造出能力超強的十二鬼月，他用血液操控十二鬼月，除了替自己尋找「青色彼岸花」，解除被陽光照射就會消失的威脅外，更指使他們對抗鬼殺隊成員，完成自己派遣的所有任務。

▲鬼舞辻無慘的人格特質

有一幕「鬼舞辻無慘」跟十二鬼月的對話，讓我印象很深刻，鬼舞辻會用威脅的語言控制屈服者，堅定告訴十二鬼月：我是不會出錯的，所有的權力都在我手上，我說的話絕對是對的，你沒有拒絕的權利。

＊攻擊性人格

鬼舞辻無慘明顯具有攻擊性人格的特質，反應在心理上，攻擊性人格常會有虛榮、野心、自以爲是、善妒、羨慕、貪婪的感受跟情緒。這就是何以自從鬼舞辻變爲鬼後，「產屋敷家族」的出生者都受到詛咒。

而攻擊性人格特質的來源是，內在對人的敵意，外在呈現不在乎、自恃獨斷、好勝心強的思考及行爲模式。

從心理的角度來看，有嚴重暴行的人，內心都暗藏大量的不平衡、羞恥感，以及自我藐視。他們常常會瞬間改變對別人的態度和行爲，前一刻還愉快的談話，下一刻卻猛烈的攻擊、咒罵對方，咒罵的內容與剛剛的談話毫無關聯。

之所以會有這麼大的反差，可能是因爲談話中，聊天者不自覺說了某個想法或感受，觸碰到他內心隱藏的羞恥感，立刻引發他強烈的反彈，之後就很難平復他的情緒。

只要十二鬼月說的話，讓鬼舞辻無慘解讀有負向意圖，譬如說，鬼舞辻無慘若解讀對方在否定自己，對方立刻就會受到殘忍的暴力對待。

＊反社會人格

鬼舞辻無慘幾乎所有的行爲都符合反社會人格傾向，他青少年時期罹患絕症，對醫師的治療非但沒有心存感謝，反而抱持大量的憤怒，沒弄清楚狀況就衝動殺了醫師。回到現實世界，如果青春期階段，負面情緒習慣佔上風，譬如感受大量的敵意、憤怒的情緒，不只會導致反社會性跟破壞性，也是造成毒品濫用跟犯罪行爲的重要心理因素。有破壞性行爲習慣的人多半會有下面這些危險情緒：

- 容易懷疑別人，「鬼舞辻無慘」個性非常多疑。

- 有易怒、衝動的情緒表達習慣。
- 對權威者有憤恨的矛盾情緒習慣。
- 人際互動偏向反抗型。
- 敢於自我主張的人際關係。

回到現實世界，一個人成長的過程中，父母若是常常用語言威脅孩子，管教非常嚴厲卻又缺乏時間督導，很少花時間陪伴孩子，也沒有花心思觀察孩子的行爲舉止，親子之間的依附情感薄弱，無形中養成孩子反社會人格傾向。

＊無差別殺人的惡鬼

「鬼舞辻無慘」常常混在人群中，隨意剝奪別人的生命，也很符合無差別殺人施暴者的特質。

現實世界中，會任意殺害陌生人的施暴者，對於受害者是誰往往不在乎，施暴前他們的情緒是極度的焦躁不安，內心充滿憤恨，卻又無法用語言表達或是緩和自己的心情，因此當他們找到代罪羔羊時，容易變得狂亂亢奮，進而出手攻擊。

一般嚴重的暴行都有潛在形成的因素，譬如，父母或師長常常用語言或肢體暴力羞辱孩子，損傷其自尊；或是父母習慣用物質滿足孩子，在情感上卻很少給予溫暖關懷；或是孩子在學校遭受嚴重霸凌等；一旦形成暴力人格特質，就會對別人宣洩敵意，而不會自我檢討。

因此，想要減少暴力人格特質的形成，必須重視情緒教育，父母要做孩子的情緒教練。當一個人可以適時的表達和紓解情緒，自然不會訴諸暴力。

自我檢測⑪ 周遭有像「鬼舞辻無慘」一樣的反社會人格嗎？

曾經有國外研究，大約每二十五個人中，就可能有一個人是反社會人格。這種說法或許有點令人不敢置信，但其實，有很多的反社會人格就暗藏在你我周遭，甚至還是身邊親近的伴侶或同仁。

做感情諮商的時候，我發現很多當事人敘述情人或伴侶的行為都很像反社會人格。還有很多企業遇到的不良同仁也有可能是反社會人格，譬如說，會盜領顧客的銀行資金轉去投資，或是「挪用」銀行資金借錢給主力炒股賺利息，或是報假帳親吞公司資產，或是看到公司制度的漏洞藉以謀取利益。

曾經有當事人問我：沒有殺人也是反社會人格嗎？

答案是的。

沒有犯罪，不代表沒有反社會傾向，沒有殺人，也不代表就不是反社會人格。

就讀知名學府，也可能有反社會傾向。事業成功，也可能有反社會傾向。

下面這個測驗，不妨記在腦中，看看周遭有沒有人很多行為都符合描述，如果有的話，最好保持一點距離，避免進一步交往，以免人身安全、金錢財物受到損害。

(1) 跟父母的關係很疏離，覺得自己跟父母沒有什麼話好說的。

是□　否□

(2) 學生時代缺乏完成學業的動機，不斷的曠課，有逃學習慣。

是□　否□

(3) 學生時代曾經違反校規，離開學校後為了生存，也曾經從事犯罪違法的行為。

是□　否□

（4）對別人細微的情緒變化非常敏感，特別會區分對方是強者還是弱者，一旦知道對方是弱者，會毫不留情欺負弱者。

是□　否□

（5）渾身散發著過度的自信，總是認為自己比別人更聰明、更有能力。

是□　否□

（6）會說謊、偽裝、隱藏真實的面目，認為這樣做只是達到目的之手段而已。

是□　否□

（7）嘴巴上常常說「真的很感謝你」，但行為上卻是忘恩負義、過河拆橋的。

是□　否□

（8）表面上善體人意、為對方著想，但行為上卻侵占別人的財務、權益，或是把自己要負的責任推給對方。

是□　否□

(9)很敢於對別人提出誇張過分的要求，而不會覺得有任何不好意思，只在意自己有沒有獲得利益。

是□　否□

(10)會長時間和別人維持眼神接觸，甚至是長時間怒目瞪視對方。

是□　否□

(11)為了追求一時的興奮感，會對公共場所做出破壞性的行為。

是□　否□

(12)常常會感到很無聊，想要出去外面找點樂子。

是□　否□

(13)當周遭人認為他是「不可靠、不誠實、不誠懇」的時候，他也不會對自己的不當行為感到懊悔或羞恥。

是□　否□

(14) 喜歡控制、操弄別人，精於算計利益，會在不知不覺中把別人的金錢變成自己的。

是□ 否□

(15) 奪取別人的財產後，既不會有心理壓力，也沒有罪惡感，反而認為是對方自己願意的，或是對方不夠聰明。

是□ 否□

(16) 不信任周遭人，總覺得有人會陷害他，只相信自己。

是□ 否□

(17) 會合理化自己的報復心理，會認為這是被害人造成的，對方應得的報應。

是□ 否□

(18) 明明知道講什麼話會傷害對方，卻偏愛說些刺傷人心、踐踏對方自尊的話。

是□ 否□

（19）有溝通不良的問題，當他感覺被人拒絕，就會產生報復行為，想讓對方受到傷害。

是□　否□

（20）常常用語言威脅別人，或是用行為威嚇別人。

是□　否□

（21）當別人形容他是狠角色，反而會感到驕傲，覺得自己是有力量的，別人是膽小的。

是□　否□

（22）會跟攻擊性高的同伴為伍，認為這樣才能保護自己。

是□　否□

（23）人際互動時會挑撥離間，讓團體中其他人互相仇視彼此，或是無中生有誣陷毀謗別人的名譽。

是□　否□

〔24〕會把內心負向的情緒遷怒到動物身上，喜歡看動物慢慢被虐殺而死的過程。

是□　否□

上面這二十四題，基本上都是反社會人格的行為模式跟人格特質，所以，越多「是」，就表示有越多反社會人格的特質，需要做好安全措施，盡可能不要激怒跟挑釁對方，避免升高對方的防衛，必要時要尋求公權力的協助。

✽過度矯正體弱，亟欲擁有強大力量

《鬼滅之刃》中的許多惡鬼在世的時候都體弱多病，例如鬼舞辻無慘一出生就體弱

多病，常常與死神拔河，變成鬼之後渴望擁有無所不能的力量。

還有「那須蜘蛛山」的「下弦之伍：累」，生前也是體弱多病，一輩子沒有奔跑過，連走路都很痛苦，在世時一直期待可以跟其他孩子玩耍，渴望得到強壯的身體。之後「鬼舞辻無慘」拜訪「累」，表明要解救「累」脫離病體，於是輸入血液給他。變爲鬼後的「累」開始大量殺人、吃人，「累」的父母無法接受他不斷的殺人、吃人，父母決定殺死他後，再了結自己的生命。

當「累」發現後，立刻奪走父母生命，在母親死前，用盡最後力氣對「累」說：對不起，沒能給你生出健康的身體。

「對不起，沒能給你生出健康的身體」這句話，諮商時我也曾經聽到不少母親說過，由於從出生後就對孩子懷抱著沉重的愧疚感，有些母親會過度保護孩子，不讓孩子從事任何危險活動；也有母親則是將「內心的愧疚感」轉化成強大的鞭策力，深怕先天不良的孩子後天會失去競爭力，於是加倍督促孩子努力，以免將來無法在社會存活。

「先天的體質」加上「後天的教養」，會對孩子形成什麼影響？

究竟「體弱多病」會對一個人的心理造成什麼影響？這個提問讓我聯想到從小就體弱多病的心理學大師羅傑斯（Carl Rogers）。

羅傑斯從小身體就較虛弱，經常生病，連帶的他的情感也很纖細敏感，常常會哭泣流淚。由於身體不好，家人對他的約束亦很嚴格，以致於他並沒有太多機會可以和其他孩子玩耍。這樣的成長歷程，讓羅傑斯的個性變得敏感內向，加上家人有時候愛拿他的身體、弱點開玩笑，凡此種種，都讓羅傑斯從小便感受到孤寂，退縮在自己的世界裡，藉由看各種不同領域的書籍獲得心理力量。

後來羅傑斯創立「個人中心學派」，最爲人津津樂道的治療風格就是，在整個會談過程中，努力體會當事人的感受，進入當事人的內心世界，跟當事人一起做一趟探索性的旅行。

「個人中心學派」強調積極的人性觀，建立無條件接納、一致性、眞誠，還有積極尊重的人我關係。他深信每個人都有解決自我困難的能力，強調個人內在力量的巨大影響。

看完羅傑斯的成長故事後，是否發現跟「下弦之伍：累」非常相似，但是羅傑斯的人格理念卻和「竈門炭治郎」不謀而合，所以，「體弱多病」並不會影響一個人的人格發展，而是如何應對、解讀自己的遭遇，才是影響人格走向的關鍵因素。

「下弦之伍：累」在世時渴望玩伴，成爲鬼後渴望家人，所以，累會用強大的力量操控比自己能力弱的鬼，拼湊出家裡的每個角色，有爸爸、媽媽、姐姐、妹妹，就像小時候玩扮家家酒的遊戲一樣，期待彼此之間有著強大的羈絆。

對「累」而言，維繫家人的羈絆，就是恐懼的羈絆，「累」會教家人知道：反抗會有什麼下場。「累」也會讓每個家人知道：父親有父親的職責，母親有母親的職責，不了解自己的職責，就沒有活在世上的必要。

如果家人不好好遵守「累」的命令，就會被切得支離破碎，被殘酷奪走智能，被吊起來曝晒在陽光下。

「累」一向以爲自己維繫家人間的羈絆，直到「累」看到變爲鬼的禰豆子爲了保護哥哥炭治郎，不顧自己安危挺身而出，「累」頓時內心悸動不已：這才是眞正的羈絆，好想要。

當竈門炭治郎毫不留情戳破「累」建構的「虛僞羈絆」，炭治郎每句話都打中「累」既空虛又孤單的心理：如果是以強大羈絆連結著，就能聞到信賴的氣味。可是，從你們身上，只能聞到恐怖、憎恨、厭惡的氣味。

最後當「累」要消失之前，內心擔心自己會下地獄，見不到父母親，這個時候，父母的影像出現，用充滿溫暖的語氣告訴「累」：不是這樣的，無論到地獄還是天堂，我們都會陪伴你。「累」終於了解父母對自己深深的愛。

從心理治療的角度來說，這一幕是很重要的，孩子可不可以感受到父母對自己的愛意，能不能感受到父母對自己的接納，可以說是心理療癒轉變的開始。

每當發生暴力案件時，我就會被詢問：「這個人的心理怎麼了？怎麼這麼殘忍？」事實上，這個問題要回歸到家庭，當一個人沒有辦法跟父母親建立親密的連結，以及情感流動的關係時，就會創造一個虛僞的世界，讓自己感覺沒有那麼無助。也就是說，當孩子成長於缺乏溫暖、關心與信賴的關係中，就會習慣用魔幻的奇想來補償內心的脆弱和無助。如果受傷的心理沒有適時得到療癒，長大之後，他們就有可能用暴力行爲去對抗內心的傷痛。

自我檢測⑫ 自己有渙散人心的領導者特質嗎？

什麼樣領導者的特質會渙散人心，激發別人反彈與抗拒的行為？

具有破壞性的領導者特質包括：

□攻擊性強的人。

□權威性高的人。

□非常情緒化的人。

□對人、對事缺乏耐心的人。

□習慣用嚴厲的語言責罵別人。

□規定員工凡事按照自己的指導去做。

□認為人都是有惰性的。

□用強制、懲罰的方法迫使別人達到自己的目標。

上面這些渙散人心的領導者特質，只要擁有其中一個特質，相處時都會令人感到壓迫不舒服，如果不想成為「鬼舞辻無慘」型的領導者，就要自我覺察，調整自己的領導風格。

◈上弦之參：猗窩座

十二鬼月中排名「上弦之參」的猗窩座，擁有一對金色的瞳孔，一頭桃紅的短髮，全身刺滿象徵罪人的深藍色刺青，提到「罪人刺青」，就要從猗窩座的出生說起。

▲猗窩座的成長故事

猗窩座誕生於江戶時代，由於剛出生就長了牙齒，被人視為鬼之子，於是父親為他取名為狛治。

為了給罹患重病的父親購買藥材，狛治多次在偷竊金錢、藥材時被捕，也因而被施以黥刑，全身留下一道道永遠無法抹滅的藍色刺青。

雖然狛治拼命守護所愛的父親，但是最後父親卻不忍心再拖累狛治而自傷身亡。

失去父親的狛治，之後跟著恩師慶藏學習武藝，還和師傅的女兒戀雪日久生情談起甜甜的愛情。就在狛治重新建立起親密關係，感受到家人間的情感流動，不幸的事情又發生了，一夜之間，心愛的家人全部被毒殺。

所以，猗窩座生前最痛恨弱者，因爲弱者不敢光明正大打一場，只會在井裡下毒。即使成爲鬼後，他不以虐殺人類爲樂，也不殺女人，並且尊敬有實力的對手。

▲猗窩座的人格特質

成爲鬼後，猗窩座失去生前的記憶，只留下「變強」的意念，一心一意追逐戰鬥讓自己「變強」。在跟炭治郎對戰的時候，猗窩座曾經表示：我也很討厭弱小的人，看到弱者就令我作嘔。

在與煉獄杏壽郎作戰時，猗窩座因爲佩服杏壽郎的實力，而試圖說服杏壽郎加入鬼的行列，這樣就可以不斷跟自己戰鬥，讓自己「變強」。

猗窩座在無限城跟炭治郎戰鬥的時候，炭治郎喚起他深埋潛意識中三個最摯愛的人的記憶，父親、恩師、情人，猗窩座頓時內心充滿懊悔，自覺辜負所愛的人期待，讓恩師心愛的流派沾滿血腥，連父親的遺言也沒能遵守，最後自我了斷消失於無形。

◇下弦之陸：響凱

《鬼滅之刃》中也有不少飽受語言暴力摧殘的鬼，其中一個被鬼舞辻無慘撤銷十二鬼月資格的「響凱」，一直很渴望能得到鬼舞辻無慘的肯定，他不斷努力壯大自己的實力，期待再度被選進十二鬼月。

▲飽受語言暴力摧殘的鬼

＊語言暴力導致憤怒、焦慮與攻擊行為

在跟竈門炭治郎戰鬥，當炭治郎說到「絕對不放棄」幾個字時，響凱聽到「放棄」兩個字，腦中立刻響起生前聽過的冷暴力語言：你還是放棄吧，眞的很無聊，你寫這些

東西眞的無聊死了，不管哪篇作品都像垃圾一樣，不美妙、不虛幻，當然也很老套，你以後還是別寫了吧，再寫也只是浪費稿紙跟鋼筆。

生前的作品被人無情嘲諷，當響凱成爲鬼後，自然對踐踏他作品的人採取暴力回擊。無論是飽受肢體暴力，還是語言暴力，都有可能讓心理受傷的人對別人抱持較負向的看法，與他人相處時較缺乏信任感，習慣與人保持較疏遠的距離，或是呈現出較多的憤怒、焦慮與攻擊行爲。

響凱在即將消失之前，當他聽到炭治郎眞誠的稱讚自己：了不起的招式，你的血鬼術眞的非常厲害；響凱眼眶含著眼淚滿足地消失。

＊「肯定」可以提高自我效能與改變能力

「肯定」對一個人的心理之所以這麼重要，是因爲「肯定」可以提高我們的自我效能與改變能力。

「自我效能」是指，我們相信自己能夠達到目標、完成任務，如果我們不相信自己有能力，碰到需要改變、遇到挫折障礙的時候，就很容易放棄。

但是能產生力量的「肯定」，並不只有讚美的肯定，還包括肯定對方的努力、肯定對方的痛苦、肯定對方的個別性、肯定對方的感受、肯定對方的需求和觀點。

因此，如果響凱的作品能夠獲得欣賞，或是看見他對創作投入的努力，或是佩服他持續創作不放棄的勇氣，或是同理他遭遇挫折的沮喪情緒並適時鼓勵響凱，相信能讓響凱產生正向能量。

自我檢測⑬ 有沒有容易氣餒的特質？

當我們感到氣餒的時候，會特別渴望被別人肯定，就像終其一生都在尋求別人肯定的響凱，如果得不到肯定，便會產生更多的挫敗感。

檢查一下，自己有沒有下面這些容易氣餒的特質：

- 認為自己要比別人好才有價值？
  是□　否□
- 常常設定過高的期待或標準？
  是□　否□
- 常常會跟別人做比較？
  是□　否□

• 希望別人按照自己的方式做？

是□　否□

• 對於發生的事情會做負向消極的解讀？

是□　否□

「是」越多，就代表你比較容易產生氣餒的情緒。

覺得氣餒時，如果懂得「自我鼓勵」，自然可以增加面對挫折的勇氣，別忘了練習前面的「自我鼓勵」。

✧上弦之貳：童磨

「上弦之貳：童磨」從小出生於「萬世極樂教」，身爲教主的童磨專門吸收心靈脆弱的信徒，特別喜歡吃女孩，例如，嘴平伊之助的母親爲了逃離家暴的丈夫，被人帶進「萬事極樂教」，最後也是被童磨所殺。另外，「前花柱」胡蝶忍的姐姐香奈惠也是在戰鬥中被童磨殺害。

▲隱藏暴力敵視女性的惡鬼

除了《鬼滅之刃》外，現實世界裡殘害女性的殺人者更是非常多。有個令我印象深刻的眞實案例，殺人者從小身世悲涼，他有一個哥哥與一個姊姊，由於從小母親過世，當船員的父親再娶，因繼母只照顧自己親生的小孩，對他跟兄姊常常怒罵毒打，吃飯時也是繼母自己小孩先吃，他與兄姊經常有一頓，沒一頓，可能從那個時候開始，他對女性就有了仇視心理，所以當他跟喜歡的女性示愛，表達自己想要認識對方而對方沒有接納他，便殘忍奪取對方生命。

隱藏暴力敵視女性的殺人者，他們的心理特質就是，心裡很自卑，外在很強悍，被拒絕會讓他們產生很強大的自卑感，立刻會採取暴力強硬的手段奪取對方的性命。

見到陽光就會消失的鬼

倘若自由聯想：《鬼滅之刃》中的鬼見到陽光就會消失，現實生活中什麼樣人格特質的人也會害怕「曝光」，無法真實見光？

藏在陰暗的地方就會對別人發動殘酷的攻擊，相信很多人都會聯想到「酸民」，他們對令其不悅的人事物充滿敵意，躲在鍵盤後面，發動各種戕害別人心靈的文字攻擊，一點都無法同理受害者的感受。

還有窺視症、暴露症、摩擦症、性被虐症、性施虐症、戀童症、戀物症等等不當性偏好的人，也會躲在黑暗的角落，伺機發洩自己的慾望，不顧對別人造成的巨大傷害。

◈鬼的心理地位大多是「我不好、你不好」

「我不好、你不好」心理地位，可能源於對生命失去興趣，在與人互動的時候，常會不自覺否定自己，也否定別人，他們的人際關係是疏離的、不容易親近的。

「我不好、你不好」的人內心常會有「扭曲感受」，感覺自己是孤單、被人拒絕，既討厭自己，也對周遭人懷有敵意。

當一個人的內心常有「扭曲感受」，對周遭人懷有「高度敵意」時，就可能會轉化強大的破壞力道。有個曾經上過三次社會新聞的暴力殺人者，第一次殺死的對象是情人的元配妻子，趁著雙眼全盲的元配妻子在洗澡時，將對方推入滾燙的熱水中，看著對方痛苦致死。第二次在火車上和情人發生口角，一怒之下將自己懷中的親生兒子丟到火車外，導致孩子嚴重腦部受傷。第三次則是用家中的鍋子打死情人，相處的過程中更不斷暴力凌虐情人。

社會新聞中不時出現泯滅人性的暴力殺人者，值得關懷的是，什麼樣的環境會餵養如此扭曲的心理地位，會對情敵、情人、孩子都殘暴至極，沒有一點同理心。

◈家庭衝突嚴重戰火不斷

爸媽的感情和不和睦，家庭氣氛溫不溫暖，或多或少都會對孩子的情緒習慣、人格特質產生影響。

家人之間常常發生嚴重衝突，大聲互罵，總是爲了金錢點燃戰火，長期以往就可能會導致孩子憂鬱情緒，反社會的行爲習慣也越多。

持續不斷的家庭衝突，無論是言語爭執或是肢體暴力，都可能讓孩子在跟兄弟姊妹、同學朋友互動的時候有較多敵對、侵略的狀況。

06

夢境與潛意識訊息

Personality Traits

在電影《鬼滅之刃劇場版：無限列車篇》中，「下弦之壹：魘夢」施以術式，讓列車上的每個鬼殺隊成員不知不覺進入「美夢」中，再掉入「惡夢」中，他最喜歡看到別人從天堂跌落地獄的痛苦表情。

美夢與惡夢

＊「內在渴望」編織成「美夢」

「魘夢」先透視每個人「內在最想要的渴望」，然後編織成「美夢」，讓作夢者捨不得離開，或是想要再度進入美夢中。

竈門炭治郎的「美夢」是，回到家人被殺之前，一家人恢復過去的平日生活。

杏壽郎沒有「美夢」，而是「眞實的夢」，夢中杏壽郎去跟父親報告自己成爲「柱」的消息，父親背對著他，口氣冷漠地說：成爲柱又如何，無聊透頂，依然成不了大事。

我妻善逸的「美夢」則是和禰豆子開心過著幸福快樂的生活。

諮商的過程，很少需要解析美夢，但偶爾也會遇到有趣的狀況，有人問我：夢裡中了樂透，感到非常快樂，醒來後立刻去買樂透，想要延續夢中的快樂，但卻沒有中獎。頓時從「美夢」轉成「失望」。

＊心靈的負荷過重會做反覆的「惡夢」

知名心理學大師佛洛依德將夢視爲「通往潛意識的金光大道」，在睡夢中，由於防衛作用減弱，讓原本壓抑的感受得以浮現，於是，潛意識中的願望、需求、恐懼，便會化爲一個又一個的「夢境」。

而炭治郎的「惡夢」投射出「對家人遇害內心深深的愧疚感和罪惡感」，在夢中當家人說出：只有你存活，卻拋下我們的話時，其實夢中「每個家人」都是炭治郎「內心罪惡感」的化身。

在與「魘夢」對戰的時候，炭治郎對「魘夢」大聲吶喊：不要侮辱我的家人，我的家人不會講出這種話。

眞實世界裡，對於家人過世而懷有強烈的自責與罪惡感，其實是很普遍的，不少悲傷者會有「存活的罪惡感」。

曾經看過對二十八位喪子者所做的研究發現：悲傷者普遍有強烈的罪惡感，他們會不斷自責：爲什麼沒有保護好小孩、爲什麼自己沒有注意；也會不斷探究孩子死亡原因。

由於「失落感」會帶來強大的「挫折感」，深刻感受自己的「無能爲力」，無法得到有用的幫助，任何幫忙都沒有用，進而產生退化的無助感。

很多有「創傷後壓力症候群」的當事人也會做反覆的惡夢，當心靈的負荷過重，在意識上不知道要如何釋放創傷的痛苦，但是夢中卻暗藏宣洩情緒的管道，可以透過心理諮商，做「夢的解析」找到有效療癒心靈的方法。

＊夢是「通往潛意識的金光大道」

不要害怕作夢，作夢對心理健康是很有幫助的，無論「美夢」還是「惡夢」都有意義，可以透過「夢的解析」了解潛意識的訊息。

當生活出現危機的時候，所做的夢也會進入備戰狀態，因此較為淺眠，也較易驚醒。不要忽略作夢的功效，它非但是天然的抗壓方式，還能幫我們減輕不愉快的情緒，同時整理白天雜亂的思緒，睡一覺起來，精氣神都獲得調養，重新展開美好的一天。

✱潛意識訊息

《鬼滅之刃劇場版：無限列車篇》中，有一段是「魘夢」派小孩子進入鬼殺隊成員的潛意識中去破壞「精神核心」。看到這裡眞的覺得《鬼滅之刃》非常心理學。

煉獄杏壽郎的潛意識裡遍布熱火。

竈門炭治郎的潛意識裡一望無際的開闊，充滿了溫暖。

我妻善逸的潛意識裡一片黑暗，伸手不見五指。

嘴平伊之助的潛意識裡是崎嶇狹長的山路，需要匍匐前進。

心理學大師佛洛依德最偉大的貢獻就是發現，人類除了「意識」，還有「潛意識」，「意識」只是心靈的一小部分，心靈絕大部分是知覺控制之外的「潛意識」，「潛意識」

裡面儲存著所有的經驗、記憶，還有被壓抑的情緒。另外，「防衛機轉」也在「潛意識」中運作，保護自我的心靈不受傷害。

舉例來說，歷經創傷事件後，由於心靈受創嚴重，「防衛機轉」中的「潛抑作用(Repression)」會啟動，將威脅心靈太大的記憶，從意識知覺層面排除，讓創傷事件的記憶完全消失。最常見的狀況是，受害者歷經暴力攻擊後無法回想被攻擊情境時的細節。

✧創傷的反應與療癒

竈門炭治郎曾說：「幸福崩壞的時候，總是伴隨著血的氣味。」

我們所處的世界，越來越像《鬼滅之刃》中所呈現的世界，充滿各種災難變形的元素，不知道什麼時候會竄出奪取生命安全的暴力份子，或到處橫衝直撞的車子，或無法控制、無孔不入的病毒，或令人措手不及難以防範的意外事件，面對有形無形的強大威脅感，總是讓人難以放鬆，導致預期危機的心理效應。

大多數創傷事件產生的影響不會立即顯現，而會封存多年，漸漸侵蝕我們的心理健康，或是潛抑到我們的潛意識，或是扭曲我們的人格特質，等到症狀出現，通常都已經對心靈造成嚴重破壞。

《鬼滅之刃》中的每個角色都經歷創傷事件，但每個角色應對創傷的方式都不同。

*目睹親人被剝奪生命

最嚴重的創傷經驗莫過於目睹親人被他人剝奪生命，《鬼滅之刃》中竈門炭治郎、竈門禰豆子、富岡義勇、栗花落香奈乎、胡蝶忍、不死川實彌、猗窩座，都曾目睹親人被殺害，但他們面對悲傷時所採取的反應卻個別差異很大。

竈門炭治郎遭逢巨變後，一心一意想要幫禰豆子找到變回人類的解藥。

富岡義勇失去姐姐後，因爲周遭人的閒言閒語，造成心靈受到嚴重的創傷，從此開始與人群隔離疏遠。

胡蝶忍自從最愛的姐姐被殺後，開始模仿姐姐的一舉一動，臉上時刻掛著姐姐最愛的笑容，但炭治郎卻能聞到胡蝶忍壓抑隱藏的生氣味道。

不死川實彌的母親被注入血液成爲鬼後，突然開始攻擊兄弟姊妹，實彌爲了救弟妹，不得已讓母親在自己手中被日照消失，也因此，實彌特別痛恨鬼。

猗窩座的悲傷、憤怒，則轉爲強力的攻擊衝動，化爲摯愛討回公道的報復行動。

＊親人生病過世

《鬼滅之刃》中竈門炭治郎、猗窩座、煉獄杏壽郎以及杏壽郎的父親，都曾長期照顧生病的親人，再經歷親人過世的痛苦。長期照顧病人的過程中，除了經歷生理上的疲累，也承受著心理上的壓力與挫折，需要得到好的心理支持。

竈門炭治郎在父親過世後，繼承父親留下來的煤炭工作，每天辛勤的工作，努力讓一家七口過著幸福的生活。

煉獄杏壽郎在母親過世後，始終抱持母親給他的信念，努力實踐母親給他的信念。失去妻子的杏壽郎父親，卻從此借酒澆愁，靠酒精麻醉自己。從小就是孤兒的「我妻善逸」常常淹沒在強烈的焦慮、恐慌的情緒中，不斷想要逃跑。

喪親後會經歷不同的階段。

剛發生的震驚期

- 有些喪親者會自我感消失，缺乏對別人覺察。
- 有些喪親者會思考閉塞，感覺遲鈍麻木。
- 有些喪親者會歇斯底里，活動過多或過少。
- 有些喪親者會想跟死者一起走，這個時候最好不要讓他落單。
- 有些喪親者會過度理智，表面似乎沒有太大影響。像是「富岡義勇」。

一周到三個月是追思期

- 這個時候，喪親者會需要別人的幫助與協助。像是竈門炭治郎。
- 喪親者會更思念死者。
- 有些喪親者會夢到死者，感覺死者回來的幻覺。
- 有些喪親者會生理感到不適。

三個月到一年半是混亂解體期

- 有些喪親者會生活沒有目標，思考變得很緩慢。像是杏壽郎的父親。
- 有些喪親者退縮逃避人群。像是富岡義勇。
- 有些喪親者會出現死者曾經有過的症狀或行爲。像是胡蝶忍。
- 有些喪親者會情緒憂傷孤獨，沒有現實感。

半年到兩年是恢復期

- 喪親者會開始對死者有現實的回憶。
- 喪親者會同時體會憂傷快樂的感受。
- 喪親者會恢復之前的功能。
- 喪親者會慢慢找回生命的意義。

◈家庭暴力的創傷

「鬼滅之刃」裡有很多角色都有過被家暴的恐怖經驗，例如，嘴平伊之助的母親、不死川實彌、栗花落香奈乎。

嘴平伊之助的母親琴葉年輕美麗，很會唱歌，她總是對還是嬰兒的伊之助說：我的寶貝、伊之助好溫暖，能和你在一起眞幸福。但是伊之助的母親卻天天被丈夫毆打，當她逃離家暴丈夫的魔掌時，一隻眼睛因爲被毒打而失明，臉頰也瘀青腫脹，無法辨識精緻的五官。

不死川實彌的父親則常常對孩子拳打腳踢，身形嬌小的母親勇敢挺身護衛孩子，在不死川實彌的印象中，母親總是在忙碌工作，沒有看到母親休息睡覺。

而栗花落香奈乎從小就受到父母無情的暴力對待，加上親眼目睹兄長被打死，又差點被父母賣給人口販子，直到被胡蝶姐妹所救，才改變充滿暴力的人生際遇。或許是恐懼已經超過心靈的承受範圍，香奈乎有語言障礙，幾乎無法使用語言跟外界溝通，後來發展出以擲銅板來做決定的方式，遇到炭治郎夥伴們後才試著與人建立信任關係。

現實世界裡，家庭暴力的颶風也摧殘著無數人的心理健康。

根據美國「疾病管制與預防中心」所做的統計，約有五分之一的美國人曾經在童年時遭受到性猥褻，約有四分之一的美國人曾經被父母打到留下傷痕，約有三分之一的美國夫妻發生過身體暴力，約有四分之一的美國人在成長過程中面臨親人酗酒的風暴，約有八分之一的美國人曾目睹母親被暴力傷害。

在美國也有位減重門診的醫師，爲了找出病人復胖的原因做了很多調查和研究，無意中發現，童年的受虐經驗對身心健康有重要的影響，之後醫界更啟動「童年逆境經驗研究」（Adverse Childhood Experiences），發現如果主要照顧者對孩子有下面的行爲：

□用語言羞辱怒罵孩子。

□經常性的肢體暴力對待孩子。

□用孩子不喜歡的方式碰觸、侵犯孩子身體，或強迫孩子接觸大人的身體。

□在情感或情緒上忽略孩子的感受。

□身體上疏於被照顧的孩子，像是常常沒飯吃、老是穿髒衣服、生病沒人帶去看醫生。

□父母離婚後沒有歸屬感，或是被棄養。

□孩子目睹媽媽被家暴。

□曾經跟有藥癮或酒癮的親人住在一起過。

□曾經跟有精神疾病或是試圖自我傷害的親人住在一起過。

□家人曾經入獄過。

研究發現，倘若主要照顧者有上面這些行為四種以上，孩子長大後罹患身心疾病，有藥癮酒癮的問題，自我傷害的比例都會較高。

諮商的過程，我也看過有不少遭遇家暴或目睹家暴的小孩，在成長過程中會痛苦到想要從世界消失。或是曾經動過想要消滅施暴者的念頭，很容易生氣，對聲音、情緒非常敏感。渴望被別人關愛，但當別人釋出善意與關懷時又會表現出不在乎的樣子，甚至選擇離開對方。也有人無法忍受痛苦，寧可透過酒精藥物麻痺自己，也不願意慢慢做心理治療。

由於上面這些照顧者的行為都不是年幼孩子可以控制的，難免會覺得世界充滿了危險與傷害，很難跟別人發展出信任關係，也因為對人性失望才會孤立自己，所以，要療癒受暴者的複雜心理創傷，首先要建立信任感，讓他們覺得環境是安全的、面對的人是安全的，接下來才有可能找到心理復原的路徑。

＊漫長的療癒歷程

創傷事件發生後，會歷經不同的階段，常見的心路歷程有五個階段：哭喊期、否認期、侵擾期、接納期到完成期。此外，災難中經歷不同的狀況，對心理的衝擊也會不同。

災難中的受傷者

瞬間發生的重大意外事故，發生之後，傷者與家屬原本平順的生活，一夕之間有了劇烈的變化，心理往往會錯綜複雜，初期的情緒反應會困惑震驚，不理解何以災難會發生在自己身上，接下來可能會轉爲憤怒、自責，也有些人會陷入悲傷、哭泣、徬徨、害怕恐懼的情緒中。

如果身體受傷，情緒反應可能會變得煩躁易怒，身心都無法放鬆，感覺自己快要失控了。所以，特別需要家人朋友陪伴支持，協助傷者紓解情緒。

同時歷經災難的驚嚇及痛失親人的悲傷

面對巨大的變故，初期情緒會有過度激動或是情感麻木的狀況；其中最需要關注的是「沒有眼淚的悲傷者」，他們的心理受創嚴重，由於同時歷經災難的驚嚇及痛失親人的悲傷，在雙重打擊之下，往往會因爲沒有辦法接受殘酷的現實而無法表達情緒。

兒童、青少年

諮商過程中發現，很多兒童經歷創傷後，會變得特別黏人、恐懼死亡，有高度的分離焦慮，不能跟家人短暫分開，看到大人難過哭泣時會阻止或逃避。

也有些兒童會因爲不知如何紓解大量的負面情緒，而轉化成身體症狀，或是傷害自己的身體，譬如透過拔頭髮來釋放焦慮，若不及時做心理諮商，嚴重時會演變成拔毛症，或是傷害自己的身體，透過身體的痛楚來紓解心理的痛楚。

因此，對於青少年及兒童，親友盡可能給孩子安全感，除了語言安撫之外，亦可透過肢體擁抱來降低孩子的孤單與不安。《鬼滅之刃》中特別描述肢體傳遞的安定感：不經意間握住的手，是如此強大又溫暖。

同時也可以運用不同的形式，如語言或繪畫，來引導孩子抒發害怕、哀傷的情緒。

痛失親人的家屬

當家庭面臨重大危機事件，由於家人都陷入悲傷的情緒中，有時候會無法從家人身上得到支持的力量，哀痛的家庭氣氛會形成壓力，也會改變家人原本的互動方式。

因此，擁有越多越完整的社會支持系統，包括親人、鄰居、同事、好友的協助陪伴，就越能調適危機。特別是親人的死亡方式不在預期中，對家人最具傷害性，需要的話，亦可透過心理諮商和宗教信仰來安定情緒。

共同歷經浩劫的人

共同歷經浩劫的人雖然身體沒有受傷，但依然會經歷心理的衝擊，常會出現暈眩、失眠、惡夢，害怕災難再度發生，甚至會有過度警戒的反應，譬如，不敢單獨一人獨處，或是心悸、發抖、呼吸不順、肌肉緊繃等焦慮症狀。

過去曾經歷相似創傷的人

過去曾經歷相似的重大創傷事件的人，創傷經驗往往也會同時被喚起。

第一線的救災人員

第一線救災人員承受的身心衝擊，也是需要關懷的，一般人常會以爲，救災人員平日所受的專業訓練以及救災經驗，讓他們可以應對各種不同的災難，其實，專業人員很容易有替代性創傷，加上救災人員都在爲別人出生入死，所以當他們自己出現身心狀況時，多半也會傾向自己解決問題，自己想辦法，曾有救災人員回家後無法關燈入睡，一關燈災難現場的情景、聲音、氣味就會出現，只能開燈睡覺，久而久之連帶影響家庭生活。

所以，第一線救災人員除了平日要有健康的紓壓管道與方式外，遇到重大災難，等到救難任務告一段落後，最好要有支持與減壓團體，透過救災人員們互相分享情緒感受，彼此打開心門說出會出現那些災後症狀，還有做哪些事情可以緩解身心壓力，一起出生入死同袍們的分享與支持，可以協助第一線救災人員紓解壓力及情緒。

經歷創傷事件後，無論心靈多有韌性，創傷經驗或多或少還是會在心理留下傷痕，會在家庭留下警戒陰影，會在身體留下疾病不適。長期追蹤創傷療癒的研究發現，如果能夠將壓力賀爾蒙用於拯救所愛的人，心靈受創的風險也會跟著降低，就像炭治郎失去最愛的家人後，拼了命護衛妹妹禰豆子，讓禰豆子變回人類，無形中也為自己找到存活的意義。

從心理健康的角度，竈門炭治郎是最佳的學習典範，炭治郎對生命的哲學：即使不斷的失去，人也只能活下去，沒別的辦法，無論遭受多嚴重的打擊，都要活下去。

現實生活中也有許多令人敬佩的受害者，將創傷昇華成助人的力量，像是多才多藝的主持人白冰冰經歷人世間最殘暴的創傷事件，親愛的女兒被歹徒凌虐殺害，光是要回歸生活正軌，就非常艱難，而她卻能夠同理關懷犯罪被害人，持續關心打擊犯罪的警方需求，寫出《可以哭，別認輸：白冰冰逆流而上的頑張哲學》一書，以實際行動推廣生命教育。

還有當街目睹女兒被殺害的立委王婉諭，經歷痛苦的心靈折磨後，致力為民眾打造社會安全網，避免創傷悲劇再發生。

＊陪伴經歷創傷的親友走過艱難時刻

(1)表現溫暖和關心，感受喪親者的感受。

給予支持，運用肢體的力量，譬如，眼神傳遞關懷、握住喪親者的手。

一同落淚，表達對喪親者的支持與了解。

靜靜陪伴，讓他們感覺不孤單。

(2)先了解喪親者情緒來源，並且協助他們適當的宣洩情緒，無論是失落、悲傷、恐懼和氣憤的情緒，都可以表達出來。

情緒沒有處理，會導致複雜的被剝奪感。

過度憤怒可能會攻擊，嚴重時會出現傷害自己及別人的行爲。

如果情緒沒有宣洩，悲傷延續的時間通常會比較久。

評估：有沒有自我傷害的可能性

(1)挪走自我傷害的工具。

(2)安排親朋好友相陪。

(3)高壓狀況下陪他們講話。

(4)發覺他們有強烈自我傷害意圖時，安排緊急住院。

協助：有什麼實質需要，可以為他們處理。

告訴他們：什麼事情我會幫你做好。

敏感身心需求

對傷者及其家屬宜多關注、多主動、多盡責、多開放、多傾聽、多敏感其身心需求。

安慰的時候可以說

- 我可以想像這件事情很難接受。
- 我很擔心你，我很難過你經歷這樣的過程。
- 我明天再過來。
- 看看有什麼幫得上忙的。

安慰的時候避免說的話

- 節哀順變。
- 不要難過。
- 你的感受我了解。
- 看開點、往正向想。
- 這是因果。

・這是業障。

不當的安慰語言，有時候會對他們造成二度傷害。

經歷創傷事件後，最難走過的是，無論時間發生多久，災難景象都歷歷在目，彷彿才剛剛發生。另外一個困難是，他們既害怕獨自面對痛苦，但同時又會覺得別人的幫忙是沒有用的，這個時候，原本已經建立信任關係的親友，可說是最有支撐力量的，親友長期的關懷陪伴，能緩步讓他們解體的身心靈，一步一步整合起來。

自我檢測⑭ 自己有穿越險境的「內在勇氣」嗎？

《鬼滅之刃》中有各種不同的險境，真實世界裡也有各種不同的險境，《鬼滅之刃》中主角們都是如何穿越險境的呢？或許可以從中汲取出「勇氣」，幫助我們在面對險境可以隨時補充正向能量。

「煉獄杏壽郎」在面對生命威脅的時候，曾經堅定地表示：衰老跟死亡，正是人類這種生命短暫、生物美好之處。正因為人類有衰老、死亡，才令人覺得可愛，覺得尊貴。

所以，「煉獄杏壽郎」的內在勇氣就是，接受「衰老、死亡」，並且賦予「衰老、死亡」正向的意義。

相較於杏壽郎，杏壽郎的父親在失去愛妻後，非但長期借酒澆愁，還對生命失去盼望，開始自暴自棄。

何以杏壽郎父子會有這麼大的差別？杏壽郎的內心充滿熱情與勇氣，而父親的內心卻充滿了冷漠與恐懼。

如果了解「心理的運作模式」，就會知道何以杏壽郎父子「內心世界」會有這麼大的差別，因為「勇氣」的核心就是「害怕」，也就是我們對危險、失敗、失望的回應方式。

從「內在勇氣」的面向來看，當杏壽郎父親「內心的害怕」超過了「真實的危險」，就會變得很焦慮。

「焦慮」其實是渴望追求優越卻感到不足的反應，假如杏壽郎父親「內在的害怕」大過「現實的困難」，就會導致適應不良的狀況。

有適應不良感覺的人，常常會覺得自己被人看輕、自己沒有價值、被無力感包圍，感受到這些情緒時，便會預期可能發生什麼不好事情，於是淹沒在孤獨、受傷、痛苦的情緒裡，讓杏壽郎的父親無法採取適合的行動，而且會認為現在的狀況是無法改變、無法好轉的。

當內心害怕失敗，反應在行為上就會停滯不前。

杏壽郎的父親或許是害怕以後要面對的問題比現在多，一想到未來困難重重，覺得自己沒有能耐面對，乾脆放棄算了。

杏壽郎的父親也有可能是被焦慮淹沒，不知道該怎麼辦的時候，就用「冷漠麻木」讓自己好過一點，對任何事情都表現出「無所謂」的態度。

這就是何以父親會口氣冷漠跟杏壽郎說：成為柱又如何，無聊透頂，依然成不了大事。

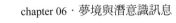

倘若杏壽郎的父親可以運用「害怕」來促成「改變」時，「害怕」就會從「負向情緒」轉成「正向思考」。因此，要克服「內在恐懼」，就要仔細傾聽「害怕」的聲音，而不是「假裝不怕」。

就像「竈門炭治郎」對不被鬼殺隊認可的妹妹彌豆子所說的：別害怕，抬起頭，因為你並沒有做錯什麼。

「不怕」就從跟自己相處開始，勇於面對自己內心的糾葛，再逐步提升內在勇氣。

看到這裡，想知道自己擁有多少「內在勇氣」嗎？透過下面這些問句，可以了解自己「穿越險境的內在勇氣」有多強？

- 當生活遭遇挫折時，能夠產生內在力量，負起自我責任。

是□　否□

- 在學習或工作的過程中，可以看到自己的成長軌跡，以及進步的地方。

是□　否□

- 充分了解自己的專業能力，也能掌握自己的生涯優勢。

是□　否□

- 樂於接受各種挑戰，同時也能夠享受挑戰帶來的成就感。

是□　否□

- 重視自己對公司、團隊、周遭人的貢獻度。

是□　否□

- 在困難的時候常常會自我激勵。

是□　否□

- 遇到瓶頸時，會重新思考做這件事情的意義是什麼。

是□　否□

- 對未來充滿好奇心，會想探索自己的潛能。

是□　否□

上面的題目，回答「是」越多，就代表你越具有「穿越險境的內在勇氣」，生存、適應的能力也越強。

評估自己的勇氣強度，最重要的兩個指標是，依據「自己跟別人的信任程度」，以及「社會興趣」的多寡。

心理學大師阿德勒認為，「社會興趣」是一個人潛在的特質，需要在成長歷程中被開發出來，如果一個人在幼年時期，沒有發展出社會興趣，那麼長大後就會無法勝任人生各階段的任務，包括工作、友誼及親密關係的任務。

也因此，心理學大師阿德勒強調，消除恐懼、冷漠最佳的解藥，就是「社群感」（community feeling），當我們可以心平氣和，好好跟自己相處，也能隨心所欲跟別人互動。

「竈門炭治郎」說過一句讓很多人都非常感動的話，面對各種險境時，炭治郎會淡淡的跟自己說：人生就像天氣一樣，總是不斷地變化，沒有永遠的晴天，雪也不會一直下個不停。

當心靈脆弱無助時，我們需要擁有「選擇的內在勇氣」，相信事情會慢慢好轉，幫助自己創造出改變的機會，自然能夠穿越險境。

洞察鬼滅之刃暗藏的心理現象

作　者—林萃芬
主　編—林菁菁
企劃主任—葉蘭芳
封面設計—江孟達
內頁設計—李宜芝

第五編輯部總監—梁芳春
董 事 長—趙政岷
出 版 者—時報文化出版企業股份有限公司
108019 台北市和平西路三段 240 號 3 樓
發行專線—(02)2306-6842
讀者服務專線—0800-231-705・(02)2304-7103
讀者服務傳眞—(02)2304-6858
郵撥—19344724 時報文化出版公司
信箱—10899 臺北華江橋郵局第 99 信箱
時報悅讀網—http://www.readingtimes.com.tw
法律顧問—理律法律事務所 陳長文律師、李念祖律師
印　刷—勁達印刷有限公司
初版一刷—二〇二一年五月二十一日
定　價—新臺幣三二〇元
（缺頁或破損的書，請寄回更換）

時報文化出版公司成立於一九七五年，
並於一九九九年股票上櫃公開發行，於二〇〇八年脫離中時集團非屬旺中，
以「尊重智慧與創意的文化事業」爲信念。

洞察鬼滅之刃暗藏的心理現象 / 林萃芬著 . -- 初版 . -- 臺北市：時報文化出版企業股份有限公司 , 2021.05
面；　公分

ISBN 978-957-13-8874-8(平裝)

1. 人格心理學 2. 人格特質

173.75　　　　110005150

ISBN 978-957-13-8874-8
Printed in Taiwan